Beyond **SUNDAYS**

by Wayne Jacobsen

Beyond SUNDAYS
Copyright ⓒ 2018 by Wayne Jacobsen
www.lifestream.org
1560 Newbury Road, Suite 1
Newbury Park, CA 91320
(805) 498-7774
office@lifestream.org

Korean, Korea Edition Copyright
ⓒ 2020 by Word of Faith Co.
All rights reserved.

주일 예배를 넘어서

발행일 2020. 10. 14 1판 1쇄 인쇄
　　　　2020. 10. 17 1판 1쇄 발행

지은이 웨인 제이콥슨
옮긴이 김자연
발행인 최순애
발행처 믿음의말씀사
2000. 8. 14 등록 제 68호
(우) 16934 경기도 용인시 기흥구 신정로 301번길 59
Tel. 031) 8005-5483 Fax. 031) 8005-5485
http://faithbook.kr

ISBN 89-94901-93-0 03230
값 12,000원

＊본 저작물의 저작권은 '믿음의말씀사'가 소유합니다.
　저작권법에 의해 보호를 받는 저작물이므로 무단 전재와 복제를 금합니다.

주일 예배를 넘어서

왜 종교 기관을 떠나는 사람들이
교회에 복이 될 수 있는가

웨인 제이콥슨 지음 | 김자연 옮김

믿음의말씀사

| 목차 |

서평 | 당신은 왜 웨인 제이콥슨의 책을 읽습니까? _ 6

헌사 _ 24

서문 _ 26

01 비밀이 드러나다! _ 29

02 교회 난민이 획기적인 전환점이 될까요? _ 34

03 왜 사람들은 떠나갈까요? _ 40

04 교회 출석 감소에 기여하는 다섯 가지 요인 _ 46

05 3500만의 사람들을 찾아서 _ 52

06 꼭 출석하지 않아도 됩니다 _ 57

07 바울은 얼마나 오해한 걸까요? _ 65

08 보호막이 필요하십니까? _ 77

09 당신이 체념자라면 도움 될 일곱 가지 수칙 _ 93

10 우리를 나누는 라벨들 _ 102

11 쓸데없는 선 긋기 _ 107

12 심해지는 분열을 넘어 손 내밀기 _ 123

13 당신에게 공동체가 있습니까? _ 134

14 부담이 아닌 초청입니다 _ 144

15 설교를 과신했습니까? _ 150

16 가장 중요한 대화 _ 161

17 사역 수익화의 함정 _ 171

18 복음은 선물입니다 _ 175

19 "전임사역" _ 180

20 시스템이 아니라,

    하나님께서 당신을 바꾸도록 내어드리십시오 _ 186

21 부흥을 기다리며 _ 194

22 참된 것을 찾는 마음 _ 205

23 의도적으로 관계 맺기 _ 215

24 흩어진 성도들에게… _ 230

| 서평 |

당신은 왜
웨인 제이콥슨의 책을 읽습니까?

웨인 제이콥슨의 책은 당신의 손을 잡고 당신이 알 수 있는 최고의 친구를 만나도록 이끌어 그분 곁에 당신을 남겨 둡니다.

웨일즈의 한 언덕에서, 조나단
Jonathan, on a hill in Wales

웨인은 비범한 메시지를 전하는 평범한 사람입니다. 그의 메시지는 하나님께서 당신을 사랑하신다는 것인데 수년간 신앙생활을 했을지라도 미처 이해하기 어려울 정도의 메시지입니다.

조지아의 대학 교수, 낸시
Nancy, a college professor in Georgia

경건한 선교사 가정에서 자라났지만 내게 그의 가르침은 수십 년간 가로막혀 절박하게 바라보기만 했던 유리벽을 깨뜨리는 듯한 충격을 주었습니다. 그 가르침은 평생토록 갈망해온 그리스도와의 풍성한 관계 속으로 나를 밀어 넣었습니다. 당신도 하나님과의 관계가 벽에 부딪힌 듯 느낀다면 그의 책을 보세요. 실망하지 않을 겁니다!

선교사의 자녀로서 이제는 텍사스에서 군인의 아내이자 홈스쿨 엄마, 글로리
Glory, a missionary kid, now military wife and homeschool mom in Texas

웨인은 당신에게 있는 줄도 몰랐던 의문들을 글로 표현해내 성령님께서 대답해 주시도록 내어드립니다. 그는 그가 쓴 대로 삽니다.

오하이오에서 과수원 농부, 하비
Harvey, a fruit farmer in Ohio

만일 당신이 속에서 불타오르면서 '오늘날 기독교의 모습은 뭔가 이상해'라고 말한다면 웨인 제이콥슨의 책을 좋아할 겁니다.

테네시 동부에 산모 도우미, 로렌
Lauren, a birth doula in eastern Tennessee

13년 동안 나는 웨인이 자신이 가르치는 대로 사는 모습을 보아 왔습니다. 그는 종교적 의무에서 벗어나 사랑받으며 사는

기쁨으로 변화를 모색하도록 많은 사람을 도왔습니다. 그는 진리를 생생하게 나누면서 예증을 통해 조명해 줍니다. 만약 '일상적인 교회'가 당신에게 공허와 갈급함을 남긴다면, 이 책을 놓치지 마십시오.

오클라호마에 전직 목사이자 작가, 데이비드
David, a former pastor, and writer in Oklahoma

웨인의 따뜻한 이야기는 지친 여행자를 은혜의 보좌로 맞이해 줍니다. 그의 말은 사랑으로 풍성합니다.

뉴욕에 한 아내의 남편이자 두 딸의 아빠인 데렉
Derek, a husband, and father to two daughters in New York

웨인은 연단을 통해 기른 신실성과 진정성로부터 아버지께서 주신 통찰을 얻었습니다. 그는 점점 더 예수님을 알아가는 견고한 반석 위에 그 통찰을 세웠습니다. 그는 각광 받는 자리에서 비켜나 성령님께 무대의 중심을 차지하시도록 내어드렸습니다.

남아프리카 케이프타운 인근에 은퇴자, 필립
Phillip, retired near Cape Town, South Africa

웨인은 내게 하나님과 교회와의 관계를 깊숙이 바라보고 내가 믿는 바를 왜 믿는지 자문하게 해주었습니다. 그는 우리

각 사람을 향한 아버지의 크신 사랑과 그 사랑이 우리 삶을 어떻게 바꿀지 모두가 알기를 바랍니다.

버지니아 로어노크에 다섯 아이의 엄마, 카렌
Karen, a mother of five in Roanoke, VA

당신의 여정이 일상적 교회의 담장 밖으로 당신을 이끌 때, 당신 혼자만 그렇게 느끼는 것인지 주위를 둘러봅니다. 누군가 당신에게 다가와 웃으며 말합니다. '나도 당신이 있던 곳에 있었답니다. 당신은 괜찮아요. 잠시 함께 걷도록 하지요.' 웨인 제이콥슨을 만나 보세요. 그의 지혜와 열정 그리고 이야기는 종교가 정의한 삶으로부터 당신이 이제껏 경험했던 것 중 가장 놀라운 하나님의 여정으로 변화하는데 도움을 줍니다.

앨버타의 시인이자 순례자, 루비
Ruby, a poet and pilgrim in Alberta

나는 8년간 목사였으며 종종 스테인드글라스 창밖에는 어떤 경험이 있을지 궁금했습니다. 웨인 제이콥슨은 책과 가르침을 통해 나에게 성경적으로 실제적인 참 교회란 진정 무엇인지 명쾌하게 말해주었습니다.

전직 목사이자 노스캐롤라이나의 의료보장 관리, 제임스
James, a former pastor and medical security officer in North Carolina

나는 삶 대부분에 있어서 계속해 오디션을 받는 느낌이었는데, 웨인의 글은 내가 항상 그 역할을 도맡았다는 사실을 이해하도록 도왔습니다.

조지아에서 아버지이자 남편인 데니스
Dennis, a husband and father in Georgia

우리는 웨인의 책으로 인도해주신 하나님께 너무 감사드립니다. 왜냐하면 그는 하나님께서 우리에게 가르쳐주신 바를 글로 옮겼으며, 우리는 결국 혼자가 아니라는 사실을 깨달았기 때문입니다.

영국에서 일곱 손주의 할아버지와 할머니인 데이비드와 수
David and Sue, grandparents to seven in England

당신이 제도권 조직 안에 있든지, 밖에 있든지 웨인은 아버지와 아들과의 개인적인 관계를 발견하고 발전시키는 여정으로 당신을 보내줍니다.

오클라호마에 가정 교사, 린제이
Lindsey, a home educator in Oklahoma

교회조직에 20년 이상 몸담아 오면서 깊이 세뇌되어 좌절에 빠져 정신적으로 깨어졌는데 누군가 '날 사랑하심'을 추천해

줘서 웨인을 알게 됐습니다. 은혜롭게도 그는 나와 남편을 만나 친절과 인내로 내 질문에 대답해 주었습니다. 그는 내가 만난 사람 중에서 가장 영적으로 안전한 사람입니다. 당신은 아버지의 사랑 가운데 사는 법을 순전하게 아는 사람의 글을 읽고 있습니다.

남부 캘리포니아에서 다시 세워지고 있는 엄마, 가디엘라
Gadiela, a mother under deconstruction in Southern California

웨인이 쓴 모든 책은 죽은 종교의 때를 씻어내는 상쾌한 생명의 샤워와도 같으며, 내 아버지와의 더욱 깊은 관계로 나아오도록 나에게 손짓했습니다. 직접 확인해 보십시오!

노스캐롤라이나 베일리에서 아빠이자 남편인 조엘
Joel, a husband and father of four in Bailey, NC

웨인은 발을 땅에 붙이고, 심령은 하늘에 둔 남자입니다. 마치 친구가 이야기해 주는 듯한 그의 글은 실질적이고 실용적이며 하늘 아빠로부터 온 사랑으로 가득 찼습니다.

네덜란드 헤이그에서 에드윈과 엘레믹
Edwin and Ellemieke, The Hague, The Netherlands

웨인은 모든 종교심 가운데서 집으로 돌아온 당신을 향해 웃으시며 환영하시는 예수님의 온유하고 사랑스런 얼굴을 발견할 수 있도록 도와줍니다. 그리고 그분의 품으로 돌아오면 당신은 다시금 안도할 수 있습니다.

독일에 사회복지사, 커스텐
Kirsten, a social worker in Germany

웨인은 고고할 수도 있는 이론에 매달리지 않습니다. 그보다 그는 진짜로 살아가는 실재에 관해 씁니다. 웨인의 책을 보면 마치 형이 이렇게 쓴 편지를 읽는 듯합니다. '여기 아버지와 함께 한 내 경험이 좀 있는데, 너에게 도움이 될 거야.'

텍사스 NBC 방송 통신의 로렌
Loren, NBC Broadcast Operations in Texas

우린 웨인의 책으로 인해 여러모로 새롭게 변화를 받았으며, 우리가 배운 바를 그의 이야기에 영향받은 동네의 가족 및 친구들과 함께 나누었습니다. 그는 종교에 빠져 사는 데 지쳐 일상 가운데 예수님을 나타내기를 갈급하게 바라는 사람들에게 자유와 소망 그리고 은혜의 메시지를 전합니다.

애리조나에서 부모이자 할아버지 할머니인 그레그와 킴
Greg and Kim, parents and grandparents in Arizona

웨인은 창의적인 사고방식을 통해 하나님이 누구시며 그리스도의 몸이 되는 의미를 관계적으로 이해하고자 하는 모든 이에게 손을 내밀었습니다. 그의 관점과 인간애는 어려운 질문으로 나를 초대했으며, 나를 사랑하시는 하나님과 관계적으로 연결해주었습니다.

버지니아에 특수교육 교사, 알리사
Alisa, a special education teacher in Virginia

웨인은 몇 년 동안 나의 불만족을 이해하게 하고 종교보다도 관계가 더 중요하다는 사실을 깨닫도록 도와줬습니다.

루이지애나에서 다섯 자녀를 둔 아버지인 60세 남성, 마샬
Marshall, 60, a father of five in Louisiana

'그래서 더는 교회에 나가고 싶지 않다고요'라는 책을 읽고 난 뒤 나는 가장 좋아하는 작가를 발견했습니다. 웨인 제이콥슨은 내가 따르고 싶은 사람이라기보다는 친구가 되고 싶은 사람입니다. 그의 글은 그리스도를 따르는 사람에게 시원한 물 한 잔과도 같습니다.

남부에 한 목사의 아내인 섀넌
Shannon, a pastor's wife in the South

웨인은 당신의 삶 어두운 곳에서도 기꺼이 함께 하며 확신 있지만 온유하게 예수님을 알려 주는 허물없는 친한 친구와도 같습니다. 그에 따라 우리의 심령과 마음은 평안과 경이로움을 되찾습니다. 나의 인생은 웨인의 책을 통해 깊은 영향을 받았습니다.

앨버타에서 온 동료 여행자, 존
John, a fellow traveler from Alberta

때로 당신은 생각만큼 길을 잃지는 않았습니다. 다만 다른 지도가 필요할 뿐이지요.

버지니아 공립학교 교사, 패트릭
Patrick, a public school teacher in Virginia

하나님께서는 나를 의무적인 그리스도인의 삶으로부터 아버지께 얼마나 사랑받는지 아는 풍성한 자유로 이끌어내시기 위해 웨인 제이콥슨의 가르침을 사용하셨습니다.

호주에서 생명을 품은 50세 여성, 데브
Deb, a fifty-year-old, life-embracing Australian woman

웨인은 하나님에 관해 자기 생각을 믿도록 조종하거나 죄책감을 주는 사람이 아닙니다. 대신 그는 우리 각 사람을 인도해

주시는 하나님을 신뢰합니다. 그의 말은 은혜롭지만 예수님의 메시지를 잃어버린 기성 종교 방식에 도전해 옵니다.

조지아 애틀란타에서 은퇴한 정신건강 전문가, 마이크
Mike, a retired mental health professional in Atlanta, Georgia

'교회를 찾아서'를 처음 봤을 때 발견했지만 스스로 표현하기엔 너무나도 어려웠던 바를 표현해낸 책을 읽고서 고무됐습니다. 웨인은 그 누구도 정죄하지 않고 문제의 중심에 접근했습니다.

플로리다에 은퇴 교사, 마가렛
Margaret, a retired teacher in Florida

웨인은 하나님의 끝없는 사랑, 그분의 얽매이지 않는 진리와 자유케 하는 메시지를 설명할 때 풍성한 지혜를 극도의 단순함과 겸손으로 풀어놓습니다. 내 55세의 평생토록 그렇게 하는 사람을 보지 못했어요.

스페인 바르셀로나에 한 순례자, 파블로
Pablo, a pilgrim in Barcelona, Spain

내가 '그래서 더는 교회에 나가고 싶지 않다고요'를 집어 들었을 때 그 페이지 속에서 나 자신을 발견했습니다. 웨인은 책과 팟캐스트 그리고 블로그를 통해 다시 또다시 때에 맞는 말씀을 전해주었습니다. 나의 초점과 목적이 명확해지면서 시작된 물결 효과는 내가 만나는 모든 이들에게 미치게 됐습니다.

아이오와 남부에서 조이스
Joyce from Southern Iowa

교회에서 상처받고 조종당한 지 40년이 지나 나는 포기했습니다. 그러나 떠난다고 해서 자유케 되지는 못하더군요. 웨인의 책을 읽고 나서야 나는 드디어 사랑받는 삶을 살게 됐습니다! 그의 책은 언제나 꼭 읽어야 합니다!

콜로라도 에버그린에서 작은 사업을 하는 제프
Jeff, a small business owner in Evergreen, CO

웨인 제이콥슨은 현대의 마르틴 루터입니다. 하나님께서 루터의 개혁 너머로 우리를 이끄셨듯, 웨인의 책 역시 그 길을 비추는 빛과 지도를 제공해줍니다.

캘리포니아 샌디에이고에서 종교로부터 탈피한 린다
Linda, running from religion in San Diego, CA

결국 저 너머에 누군가 종교 기관을 향한 나의 좌절감을 이해해주었습니다. 웨인의 글은 하나님께서 내게 화나시지 않았다는 사실을 보여줬습니다. 그분은 이 여정을 나와 함께 하십니다. 이제 나는 전에 절대 상상하지 못했던 방식으로 그분을 즐거워할 수 있게 됐습니다.

버지니아에 모기 사냥꾼, 크리스틴
Christine, a mosquito hunter in Virginia

나는 단지 주일 외에도 뭔가 더욱 원하게 됐습니다. 나의 육신의 아버지는 내가 다섯 살 때 가족을 버렸지만, 웨인은 단순하고도 이해하기 쉬운 방식으로 그렇게도 바라던 내 진정한 아버지를 만날 수 있도록 도와주었습니다. 측량할 수 없을 정도로 아름답습니다!

노스캐롤라이나에서 하나님께서 끈질기게 찾으시던 존
Jon, one relentlessly sought by God in North Carolina

내 인생에 가장 낮은 곳에서 웨인을 알게 됐습니다. 개인적으로 그를 만나 사람들을 향한 그의 심령을 듣고, 진정 그리스도 안에서 본질적인 삶을 찾도록 사람들을 돕고자 하는 그의 갈망을 발견했습니다. 그는 종교 기관에서 놓칠 수 있는 대화를 나눕니다.

조지아 애틀란타에 배우이자 성우, 마이크
Mike, an actor/voice-over artist in Atlanta, GA

웨인의 책은 나의 여정에 잘 다듬어진 한 음성을 들려주었고 내 영혼에 생명의 호흡을 불어넣었습니다! 그는 매우 현실적이면서도 항상 예수님께 이르므로 나는 격려를 받고 새롭게 세워집니다. 풍성하게 나눌 수 있는 책인 줄로 알기에 보통 나는 한 권을 더 삽니다.

캐나다에서 온 나그네, 로리
Lorrie, a sojourner from Canada

웨인의 책을 읽을 때면 마치 하나님을 보기 위해 쓴 안경을 맑고 투명하게 닦은 느낌입니다. 이제 나는 종교의 안개를 관통하여 볼 수 있습니다.

캔자스에 자유 대원, 패티
Patti, a free-ranger in Kansas

웨인은 이미 성령님께서 나에게 말씀하신 내용을 명료하게 언어로 표현했습니다. 그리고 그는 모르는 사람의 이메일이라도 시간을 들여 답해줄 정도로 훌륭한 성품을 지녔습니다. 이보다 더 진정성이 있을 수는 없지요.

아이오와 작은 도시에서 홈스쿨 하는 엄마, 빅토리아
Victoria, a homeschooling mom in small-town Iowa

나는 지난 20년 가까이 교회를 개척하고 목사로 섬겼지만 결혼생활의 실패로 우울하게 혼자 주저앉아 충격에 빠졌습니다. 그때 웨인의 책 '날 사랑하심'을 받았는데 마치 내 영혼의 어두운 방에 밝은 불을 켜는 듯했습니다. 나는 결국 믿음의 승리를 발견했으며 놀라웠습니다!

노스캐롤라이나에서 예수님의 형제, 테리
Terry, a brother in Jesus from North Carolina

웨인은 우리 자신의 행위로 살아가기보다 그가 실제 경험했던 아버지와 사랑의 관계 가운데 사는 삶이 어떤 의미인지 배우도록 우리를 초대합니다. 그는 명석하고 능숙하며 재능 있는 소통가로서 복잡한 내용을 쉽게 풀어줄 뿐만 아니라, 아버지의 사랑 가운데 어떻게 사는지 윤곽을 잡아줍니다.

펜실베이니아에 두 아이의 엄마, 트레이시
Traci, a mother of two in Pennsylvania

하나님과 삶에 관한 문제에 현실적이며 실질적인 친구인 웨인의 말에서 풍기는 평안과 만족은 내가 하나님과 동행하며 도달하고 싶은 지점입니다.

팟캐스트 '하나님의 여정'의 호주 청취자, 브라이어
Bryr, an Aussie listener to The God Journey podcast

나는 동성애자 생활에서 자유케 됐지만, 그 어두운 시간 가운데 포기한 교회를 회복하는데 가장 오랜 시간이 걸렸습니다. 하나님께서 나를 이끄셔서 웨인의 책 '날 사랑하심'을 읽게 됐습니다. 나는 하나님께서 오랜 상처를 치유하시고, 경건한 남녀에 대한 나의 신뢰를 회복시키시며, 죄책감과 수치를 제거해주시는 경험을 했습니다. 이 책은 예수님께서 나에게 주시는 심령을 따라 살고 결정하도록 길을 열어주었습니다.

남아프리카 케이프타운에 전직 선교사, 다니엘
Daniel, a former missionary in Cape Town, SA

실재와 접속하십시오!

우크라이나에 하이테크 기업가, 세르쥬
Serge, a high-tech entrepreneur in Ukraine

웨인은 친구이자, 큰 오빠이며, 멘토, 치어리더입니다. 그는 다가와서 하나님의 교회에 일원이 되는 의미를 몸소 보여주었습니다. 재기발랄한 풍자와 위트, 그의 글에서는 다정하고 정직한 그의 모습이 묻어납니다. 책 선전에 관해 진실을 말하자면 웨인은 진짜로 그런 사람입니다. 그리고 나의 아이들도 그를 정말 좋아한답니다.

캘리포니아 중부에 두 아이의 엄마이자 아내인 에이미
Amy, a wife and mother of two in Central California

웨인은 내가 알고 있는지도 몰랐던 바를 글로 나타냈습니다!

영국에서 헬렌
Helen, in the UK

나의 킨들에서 튀어나온 웨인 제이콥슨의 첫 책이 나를 사로잡았습니다. 별안간 나의 가장 깊은 의문에 답하는 저자가 나타났습니다.

호주의 한 시골 마을에 할머니, 룻
Ruth, a grandmother from a country town in Australia

나는 몇 년 전 웨인을 만났는데 그는 꾸밈없이 있는 그대로 편안하며 은혜가 흘러넘쳤습니다. 그의 책은 하나님께서 당신의 심령에 말씀하시는 진리를 발견하도록 이끌며 그 가운데서 살도록 격려해 줍니다.

앨라배마에서 전에 목사였던 데이비드
David, a former pastor in Alabama

나는 언제나 항상 웨인에게 뭔가 배웁니다. 아버지의 사랑과 비종교적인 관념을 쓴 그의 글은 나의 마음에 치유를 가져와 다른 이에게도 뭔가 나눌 수 있게 됐습니다.

사우스캐롤라이나에 중학교 상담교사, 데니스
Denise, a middle-school counselor in South Carolina

나는 여러 해 동안 웨인의 팟캐스트와 책과 글을 누렸습니다. 우리는 책을 접한 뒤에 그를 알게 될 기회가 있었는데 그는 겸손하고 진실하며 현실적이고 온통 예수님께 푹 빠져있었습니다. 그는 그가 쓴 대로 삽니다… 이 얼마나 놀라운 컨셉입니까!

오자크에서 그리스도를 따르는 파멜라
Pamela, a Christ-follower from the Ozarks

지난 20년간 나는 웨인의 팟캐스트와 글과 책을 통해 계속해서 큰 격려를 받았습니다. 내가 믿기로 그는 성령님께서 교회에 하시는 말씀에 민감하게 조율된 귀를 가졌습니다. 그래서 나와 같이 그분을 반 발짝 뒤에서 따르는 사람에게도 성령님께서 속삭이시는 바를 명쾌하게 풀어줄 수 있습니다.

호주 서부에 난민 도우미이자 할머니인 수
Sue, a grandmother and refugee support worker in Western Australia

내가 그를 개인적으로 만났을 때 당시 내 마음을 짓누르던 딜레마를 정리하는데 도움을 받았습니다. 그 해법은 단순했습니다. 즉 하나님의 사랑에 관하여, 사랑받는 삶을 배우고 우리 모두가 사랑받고 있다는 사실을 알면 됩니다.

빅토리아섬에 자유로운 신자, 베브 앤
Bev Anne, a free-range believer on Victoria Island

웨인은 나의 시선에서 예수님을 사랑으로 높여드리며 자신은 뒤로 빠집니다. 이보다도 더 높은 찬사는 없겠지요. 그는 당신에게 무엇을 믿을지 말하거나 그의 비전에 당신의 복종을 결부시키지도 않습니다. 이 시대 기독교에 보기 드문 리더입니다. 그는 당신을 찾기 위하여 이 땅에 오신 하나님께 더욱 가까이 다가가도록 격려해 줍니다. 그래서 순전히 사랑받음으로 진정한 변화를 경험하도록 해줍니다. 나의 여정 가운데 웨인을 만나서 너무 기쁩니다.

오하이오에 두 아이의 엄마, 리사
Lisa, a mother of two in Ohio

| 헌사 |

몇 년 전 우리는 케냐에서 온 놀라운 사람을 우연히 만나게 됐습니다. 그는 아버지의 사랑을 발견하고자 하는 갈망이 있었습니다. 그리고 선거 분쟁에 이은 종족 간 폭력 사태의 여파로 해결을 요하는 심각한 어려움에 처했습니다. 또한 그들을 통해 우리는 몇 년 전 노스 포콧에 10만 명 이상의 사람들과 접촉하게 됐습니다. 그들은 오랜 기근, 영양실조, 질병으로 인해 고통을 겪고 있었습니다. 나의 청중 가운데 관대한 독자들이 후한 사랑의 마음으로 많이들 반응하면서 그들에게 7년간 140만 달러 이상을 보낼 수 있게 됐습니다. 그에 따라 고아, 교육, 의료, 긴급구제 사역으로 그들을 돕고 포콧 가운데 지속 가능한 경제가 자리잡을 수 있도록 씨앗을 심었습니다. 그러면서 너무나도 많은 생명들이 감동 받았고 잃어버린 방랑자들이 하나님의 사랑이란 복음과 마주하게 됐으며 열린 마음과 큰 기쁨으로 반응했습니다.

나는 이 책을 케냐에 있는 나의 형제자매들을 위하여 적게는 십 달러에서 많게는 오천만 달러에 이르기까지 거저 준 수백 명의 사람에게 바칩니다. 그리고 그들에게 닿을 수 있도록 우리의 팔과 마음이 되어준 키탈레의 주민들에게도 이 책을 헌정합니다. 어둠 가운데 한 빛이 일어났습니다. 이생에서는 절대 만날 수도 없을 사람들을 위해 자신의 자원을 나누어준 모든 이들에게 감사할 따름입니다.

| 서문 |

    불과 지난 몇십 년 사이에 한때 정기적으로 지역 교회에 출석하던 6500만 명의 미국인은 더 이상 교회에 나오지 않습니다. 그중 약 3500만 명은 더는 자신을 그리스도인이라고 자칭하지 않지만, 3100만 명 이상은 여전히 자신을 그리스도인으로 여깁니다. 이 무리를 가리켜 '체념자'라는 꼬리표가 붙었습니다. 그들은 여전히 예수님을 따르며 진정한 공동체를 찾고 있지만 그 여정 가운데 지역 교회와의 관계를 향한 소망은 접어버렸습니다.

    이 현상에 관하여 우리는 어떻게 볼 수 있을까요? 우리의 세상 가운데 하나님께서 앞으로 하실 일을 위협할까요, 아니면 우리 기대나 인식에 도전해올지라도 하나님께서 자신을 알리실 기회를 새롭게 창출해낼까요?

    나는 두 곳 모두에서 내 인생을 보냈습니다. 나는 기성 교회에서 자랐고 그중 두 교회에서는 20년 넘게 목회도 했습니다.

그러나 지난 23년 동안 나는 교회 밖에서 더 이상 주일(혹은 토요일) 아침 행사에 참여하지 않는 사람들과 더 많은 시간을 보냈습니다. 양 진영 사이에서 나는 적대감을 목격합니다. 그러면서도 우리 모두 하나가 되리라는 예수님의 기도와 같이 우리가 회복의 대화를 나눌 날을 고대합니다. 예수님은 그분의 백성이 함께 나누는 사랑보다 더 세상에 그분의 실재를 나타낼 수 있는 것은 없다고 말씀하셨습니다.

우리에겐 대화가 절실하게 필요합니다. 이는 단지 기독교의 여러 분파 사이에만 국한되지 않습니다. 이 책이 그런 대화의 씨앗을 세계 곳곳의 공동체 가운데 친구와 가족들 사이에 뿌릴 수 있게 되길 소망합니다. 당신이 지역 교회에 출석하든지, 않든지 이 현상에 대한 반응은 다가올 세대에 영향을 미치게 됩니다. 우리는 서로를 의심과 판단으로 대하면서 아버지의 가족을 더욱 분열시킬 수도 있습니다. 아니면 그분께서 사람들을 이끌어 오시고 사랑으로 변화시키시는 모든 길을 기뻐하며 축하할 수도 있습니다.

또한 제도적 기독교 가운데 머무를 곳을 잃었더라도 여전히 하나님과의 관계와 다른 사람들과 진정한 공동체를 갈망하는 이들에게도 이 책이 용기를 주게 되길 바랍니다. 종교조직이 실패했다고 해서 하나님의 실재나 당신이 그분을 알아갈 기회가 줄어들지는 않습니다. 당신에게 해를 미쳤을 수도 있는 기관의 경계를 넘어서 믿음을 키우고 세상에 영향을 주는 삶을 탐색하도록 나는 돕고 싶습니다.

지금은 기독교 역사상 가도 위를 달리고 있습니다. 특히 주변 세상이 어두워질수록 우리는 더욱 빛을 발합니다. 서로 사랑하는 그분의 백성으로부터 주님의 영광이 떠오를 수 있게끔 우리 모두 반응하게 되길 바랍니다. 그리하여 우리 하나님은 실재하시며 따를 만한 가치가 있으신 분이라고 세상에 선포할 수 있도록 말입니다.

Beyond Sundays

01

비밀이 드러나다!

그동안 믿음에 관해 가장 굳게 지켜왔던 기밀이 하나 있습니다. 그것은 바로 예수님과의 관계를 변화시키고, 놀라운 신앙 공동체를 경험하며, 세상에서 그분의 왕국을 의미 있게 확장하기 위하여 꼭 지역 교회에 속할 필요가 없다는 사실입니다. 하지만 당연히 우리 종교 기관은 그 비밀을 지키는 데 이해관계가 걸려 있습니다.

예전부터 우리는 사람들이 무리 지어 전통 교회를 떠나고 있다는 사실을 알아 왔고 그런 통계를 부인할 수도 없습니다. 적잖은 설교와 통념은 교인이 아니면 교회에도 속하지 않는다고 가르쳐왔습니다. 그런 사람의 구원은 의심스러우며 결국 영적 열정이 시들거나 잘못된 가르침에 빠져 영적으로 말라 죽게 된다고 말입니다. 어느 정도 맞는 말이긴 하지만, 작금의 조사

결과에 의하면 지역 교회 담 너머에서도 믿음을 왕성하게 키우고 있는 많은 사람이 존재한다는 사실이 드러났습니다.

그런 사람들을 가리켜 조쉬 패커드Josh Packard 박사와 에슐리 홉Ashleigh Hope은 2015년에 발간된 『교회 난민Church Refugees』이란 책에서 그들을 체념자The Dones라고 명명합니다. 그 책의 부제는 "왜 교회는 포기해도 믿음을 포기하지 않는지 사회학자들이 밝히다"로 우리가 지금껏 알지 못한 신자 그룹에 관해 이해하도록 도와줍니다. 저자는 그 '체념자'를 가리켜 '숨이 막혀 제 갈 길을 찾아 나서기 전까지는 지역 교회 교제에 깊이 관여한 역량 높은 사람'이라고 정의합니다. 그들은 조직을 개선하려고 몇 년 동안 애썼지만 결국 변화를 싫어하는 관료주의로 인해 그 노력과 열정이 억압당할 뿐임을 깨달았습니다. 끝내 믿음에 살아남기 위해 달리 방도가 없던 그들은 교회 모델을 떠나 성장, 교제, 소명을 찾아 나서기로 의식적인 결단을 내렸습니다.

이에 대해 많은 이들은 예수 그리스도의 교회가 지역 교회의 수용 가능성을 넘어 더욱 왕성하게 확장되고 있다는 데 대해 기뻐하겠지만, 한편으론 이런 소식이 불편해 차라리 연구 자체를 거부하거나 무시해버리는 사람들도 있습니다. 이 책이 발간된 직후 패커드 박사의 웹 세미나에서 사회자는 이 연구에 발언

기회를 준 데 불쾌함을 표한 많은 메시지를 받았습니다. 한 교파의 서점에서는 이 책이 교인들에게 끼칠 영향을 우려해 판매를 거절하기도 했습니다.

그들은 이 결과를 믿지 않거나 자기 미래에 대한 위협으로 치부하며 무시해버리고 싶어 합니다. 그 사람들은 교회를 제도적으로만 정의하기 때문에 거기 속하지 않은 사람의 믿음을 비방할지도 모릅니다. 그래서 많은 이들은 출석이 줄어드는 것에 대해 오히려 출석 의무를 더 강조하는 식으로 대응합니다. 일부 종교 지도자들은 다른 이들도 그들을 따라나설까 봐 더 이상 지역 교회의 교제에 참여하지 않는 사람들을 소외시키려는 노력을 기울이기도 합니다.

흥미롭게도 패커드 박사는 사람들이 지역 교회를 떠나도록 부추기지 않습니다. 실은 그 역시 한 지역 교회에 출석하고 있으며, 오히려 이 연구를 통해 목회자들이 역량 있는 교인과 전과는 다른 방식으로 관계 맺을 수 있도록 도움으로써, 더는 그들이 다른 곳을 바라볼 필요조차 없게 되기를 바라고 있습니다. 종래의 교회란, 믿음으로 살도록 사람들을 가르치고 진정한 공동체를 기르도록 돕는 곳입니다. 다만, 그런 일을 잘하는 이가 더 이상 많지 않을 뿐입니다.

25년 전이라면 나 역시 이 연구에 관해 충격을 받았겠지요.

목사로서 나는 우리 프로그램이 믿음에 필수적이라고 생각했고 그것에 참여하지 않는 사람들은 멋대로 하지 못해서 화난 외로운 방랑자쯤으로 여겼으니까요. 그러던 어느 날 가까운 친구의 배신으로 인해 나 역시 처음으로 교회 밖에 있다고 느끼게 됐습니다. 물론 다른 교회로 갈 수도 있었지만, 내 심령은 전에 내가 속했던 그 어떤 교류보다도 더 진정한 여정을 갈망하고 있음을 깨닫게 됐습니다. 곧 나 혼자만 그런 것이 아니라는 사실을 발견했습니다.

그런 만큼 내게 패커드 박사의 연구는 그다지 놀랍게 다가오지 않았습니다. 지난 20여 년 동안 나는 종교 기관 밖의 공동체에서도 마찬가지로 예수 안에서 생기 넘치는 삶을 발견한 사람들 가운데 살아왔습니다. 그들은 열정적이고, 잘 보살피며, 헌신된 제자로서 세상에서 하나님 왕국이 확장되는 것을 보기 원하는 사람들입니다. 그들은 단지 주일 예배 참석을 멈췄다는 이유만으로 그들의 믿음을 거절하는 사람들에게 멸시받고 정죄당하며 비방 받아 왔습니다.

교회의 미래에 관해 관심 있는 사람이라면 패커드 박사와 홉의 저서를 접해보고 싶을 것입니다. 당신이 체념자 중 하나거나 교회를 떠나는 사람에 관해 걱정한다면 적어도 왜 그런지 이해하기 원할 것입니다. 나는 지역 교회를 찾아 그 안에서 영적 여정을 살며 다른 이들과 공동체를 나누는 사람들을 향해 감사히 여깁니다. 그렇지만 그런 환경이 모두에게 적용되지 못하는 데는 마땅한 이유가 있습니다.

  이 책을 쓰면서 나는 사람들이 그들과는 다른 방식으로 교회를 보는 이들을 정죄하지 않도록 돕기 바랍니다. 그리고 우리가 예수님께서 사람들을 초청하시는 모든 길에 관해 기뻐하기를, 또 세상 가운데 여러 가지 모습으로 형성되는 그분의 교회를 인정하게 되기를 소망합니다.

Beyond Sundays

02

교회 난민이 획기적인 전환점이 될까요?

그렇게 되길 나는 바랐지만, 우리 종교 기관을 이끄는 권력은 허용하지 않겠지요.

『교회 난민』 책에서 조쉬 패커드 박사와 애슐리 홉은 예상치 못한 놀라운 사실을 발견했습니다. 그들은 더 이상 교회 예배에 출석하지 않으면서도 영적으로 번성하는 상당수의 그리스도인들을 밝혀냈습니다. 놀랍게도 그들 대부분은 믿음에 관한 관심을 잃지 않았고, 뒷문으로 슬그머니 사라지거나, 주일날 축구 관람을 즐기지도 않았습니다. 오히려 그들은 헌신적으로 주고 리더십에 깊이 관여하는 역량 높은 그리스도인으로 드러났습니다. 그들은 결코 쉽게 빨리 떠나지 않았으며, 수년 동안 변화를 촉구하거나 단지 어울릴 방법을 찾으려 노력해왔습니다.

결국 그들은 그 교회의 방식이 믿음을 위태롭게 만든다는 결론에까지 이르렀기 때문에 양심에 따라 떠날 수밖에 없었습니다. 그들은 판단보다 공동체를, 조직보다 소명을, 상투적인 대답보다 풍성한 대화를, 도덕적 처방을 넘어 세상과의 의미 있는 관계를 추구했습니다. 친구와 동료에게 판단을 받으며 떠나는 일은 쉽지만은 않았습니다. 그렇지만 그들은 곧 믿음의 여정에서 다른 이들과의 의미 있는 연계와 성장을 위한 풍성한 자원 그리고 주일 아침 제도를 넘어 세상과 접할 길을 발견하게 됐습니다.

이 책이야말로 바로 획기적인 전환점이 될 수 있습니다. 우리가 교회를 인식하는 방식을 변화시키고, 예수님의 왕국에 실재를 나타낼 최선의 길을 더 이상 기독교 기관에서만 찾지 않는 사람들을 이해하도록 말입니다. 이는 우리의 지역적 기관만이 주목할 만한 교회를 나타낸다는 신화를 깨뜨릴 가능성이 있습니다. 그러나 이 책의 저자 둘 다 교회에 열심히 참여하는 만큼 그것은 저자가 염두에 둔 것이 아닙니다. 다만 그들은 이 현상을 탐색하며 왜 사람들이 떠나는지 교인의 이해를 돕고, 그들이 떠날 필요성을 느끼지 못하도록 교회를 다시 활성화할 방법을 생각해 보기 원했습니다.

이 책은 주목할 수밖에 없으며 외면하기 힘듭니다. 연구자는 조사 대상자에게 직접 들은 이야기로부터 얻어낸 발견을 엮어서 당신이 교회에 대해 지닌 어떤 견해에도 도전해 올 것입니다. 제도권 교회 밖에서도 예수님의 열정적인 제자들이 번성하고 있다는 사실은 의심의 여지 없이 인정하기가 힘들겠지요. 이 사실보다는 지역 교회에 연결되지 않았다면 진정한 그리스도인일 리가 없다는 이야기를 더 선호할 것입니다. 그렇지만 사람들이 기성 교회만으로 현실적인 갈망을 채울 수 없다면 다른 곳을 바라보게 되기 마련입니다. 단지 의무 하나만으로 그런 기관들을 살려낼 순 없습니다.

이미 지역 교회를 떠나왔다면, 하나님과 그분의 교회와 더불어 더욱 생기 넘치는 경험을 갈망하는 것은 혼자만의 일이 아니며 그 일이 다른 방식으로 이뤄질 수 있다는 용기를 얻게 될 것입니다. 그렇다 해도 저자가 쓴 용어는 때때로 당신을 위축시킬 수 있습니다. 교회 난민이란 제목부터 전통 교회의 일원이 아닌 이들을 향해 다소 낮게 보는 감이 있습니다. 거의 모든 페이지에 나오는 '체념자'나 '탈교인'이라는 명칭 또한 별로 호의적으로 다가오진 않습니다. 저자는 사회학자로서 전문적 용어로 그런 단어를 일관적으로 쓴다는 사실을 염두에 두십시오. 예를 들면 '교회'란 말은 꼭 세상에 나타나는 그리스도의 신부를 의미하기보다 형식적인 종교 기관을 묘사하는 데 쓰입니다.

그렇기 때문에 저자는 지역 교회에 관여하지 않는 사람들의 신앙의 신실함을 폄하하려는 의도가 아님에도, 그러한 사람을 가리켜 '탈교인'이라고 명명했습니다. 물론 그런 용어가 주는 불편함을 나는 인정하며 쓰지 않으려 합니다. 예수님께서 세우시는 교회는 우리 기관이 담을 수 있는 것보다도 훨씬 더 크니까요. 나는 20여 년간 제도권 교회에 활발히 참여하지 않았어도 나 자신을 교회 난민이나 탈교인으로 여기지 않습니다. 전통 교회 밖 세상에서도 나는 예수님께서 여러 모양으로 세우고 계시는 교회와 관계 맺으면서 그 어느 때보다도 더욱 생생하게 생명을 누려왔습니다. 성경 속에 나오는 교회는 결코 관료적 방식으로 주일예배를 드리는 종교 기관이 아니었습니다. 교회는 예수님께서 이 땅에 그분의 가족을 이루어 가시는 것이며, 그 어떤 인간 조직으로도 제한하거나 관리할 수 없습니다. 물론 그런 곳에서도 나타날 수 있겠지만 그 너머에서도 역시 여러 방식으로 형성됩니다.

그렇기에 나는 이 책이 지난 십 년 동안 나온 교회에 관한 책 중에서 가장 중요하다고 봅니다. 당신이 패커드와 홉의 연구 결과를 좋아하든지 그렇지 않든지, 그들은 편견이나 경험에 의지하기보다 종교 지표를 정확하게 보여줌으로써 그들의 소임을 다했습니다. 이제 우리가 그 결론을 가지고 무엇을 하는지가 교회와 우리의 관계에 지대한 영향을 미치게 됩니다.

당신이 체념자의 갈망을 공유하면서도 우리 기독교 기관에 대한 희망을 버리지 않는다면, 그러한 사람들의 갈망이 좌절당하지 않고 채워질 수 있도록 변화의 목소리를 내는 데 기여하게 될 것입니다. 만약 당신이 떠나야 할 필요성을 발견했다면, 교회 프로그램 밖에서도 성장할 기회와 깊은 교제 그리고 소명을 발견한 다른 이들의 존재는 크나큰 용기가 될 것입니다.

우리 모두가 사람의 관례를 통해 담을 수 있는 것보다 더욱 큰 실체로서 교회를 보는데 이 책이 도움이 되길 소망합니다. 또한 주일 아침 어느 건물로 들어가는지나 혹은 아무 데도 가지 않는다 할지라도, 그보다는 사람이 예수님을 따르는지 아닌지가 가장 중요하다는 사실을 모두 인식하게 되길 바랍니다.

불행히도 그러한 논의는 몇 년이 지났지만 기대만큼 널리 일어나지 못했습니다. 기독교 미디어가 종교 기관을 시장으로 삼는 만큼, 많은 이들이 그 책을 간략하게는 다루어도 그것이 시사하는 바를 놓고 씨름하거나 종교 기관을 떠나온 사람들과 더 깊은 대화를 하려고 시도하지 않았기 때문입니다. 교회에 관해 제도적 기관만이 유일하다는 사고방식을 지닌 사람들은 방어 태세를 갖추고 복음이 교회 출석을 요구한다는 오랜 신화를 옹호하는 글들을 마구 찍어내는 듯 보입니다.

그러는 동안, 마침내 우리가 그리스도의 교회 공동체는 의무와 제도 우선주의 위에 세워지는 것이 아니라는 사실을 인정할 때까지 탈출은 계속해서 이어집니다. 언젠가 우리는 세상에 나타나는 교회의 다양성을 넘어 아우르는 대화를 볼 수 있겠지요.

조만간 늦지 않게 그 일이 이뤄지길 소망합니다.

Beyond Sundays

03

왜 사람들은 떠나갈까요?

도대체 무슨 이유로 누군가는 어쩌면 수십 년 동안 함께 사랑하고 섬겨온 교회를 떠나는 걸까요? 그들은 왜 가장 가까운 가족과 친구로부터 쓴 뿌리가 있다거나, 이기적이라거나, 반항적이라는 정죄를 당하면서까지 친한 친구와 평생의 전례로부터 갑자기 달아나 외롭고도 불확실한 미래를 향해 배회하려 할까요?

급작스럽게 떠날지라도 보통 이런 일은 별안간 일어나진 않습니다. 그들이 갑자기 출석하지 않았다 해도, 지난 20년 이상 내가 만나온 사람 중에는 누구도 수월히 혹은 돌연히 떠나온 이가 없었습니다. 대부분 그들은 어떤 우려나 채우지 못한 갈망과 마주한 채 그런 결정을 내리기까지 몇 년은 씨름해 왔습니다. 처음에 그들은 주변 사람들이 그들의 열정에 깊이 공감하거나 주의할 문제를 알려준 데 대해 고마워할 것이라 생각했습니다. 그런데 충격적이게도, 그런 우려나 소망에 관해 대화하려는 시도를 거듭했지만 무시당할 뿐임을 깨달았습니다.

그들이 긍정적인 변화를 끌어내려 아무리 노력해도 저항과 마주칠 뿐이며, 결국 환멸과 좌절에 봉착합니다. "여기선 그렇게 하지 않아요." 많은 이들이 다른 사람을 설득하려는 시도를 포기해도 그 갈망은 계속 커져서 마침내 교회에 앉아 있는 일이 점점 더 고통스러워집니다. 몇 년을 애쓴 끝에 결국 그들은 조용히 다니느니 그 갈망을 따라 나서는 수밖에 없다고 느낍니다. 소중히 여기는 사람들과 머물기 바라는 만큼이나, 더 이상은 그들의 영적 열정을 저해할 정도가 된 그 예배에 참석하기 어렵다는 것을 깨닫게 됩니다.

이러한 과정은 내가 아는 사례 대부분과 비슷하지만 그 원인은 확연히 다를 수도 있습니다. 최근 나는 페이스북을 통해 결국 교회를 떠날 필요가 있다고 확신하게 된 계기가 무엇이었는지 질문했습니다. 그 결과 수백 명의 사람으로부터 들은 대답은 지난 20여 년간 내가 들어 온 이야기와 일치했습니다.

그중 42%는 조직 생활과 봉사 요구 때문에 지쳤다고 답변했습니다. 그 가운데 일부는 그들이 가진 시간이나 에너지를 넘어서는 의무로 인해 탈진한 경우이지만, 대부분의 경우는 그들에게 부과한 대가에 비해 가치 있는 열매가 맺히지 못했다는 것입니다. 가장 부당했던 사례를 제외하면 누구도 교회가 전부 나빴다고는 말하지 않습니다. 그들 대부분은 예수님을 향한 열정이 교회의 요구사항을 행하는 것으로 대체되는 것이 두려웠다고 말합니다.

또한 23%는 리더십이 정직하지 못하거나 혹은 독재하거나 조종하려 들었기 때문에 더 이상 존경할 수가 없었다고 합니다. 이는 한두 차례의 대립이 아닌, 그들의 신뢰와 존경을 계속해서 무너뜨린 일련의 경험에 따른 결과였습니다.

다음으로 20%는 단지 더욱 진실한 관계에 굶주렸다고 합니다. 만났던 사람들이 정말로 그들을 알아가며 기쁨과 어려움 가운데 함께 걷기 원하기보다, 상투적인 단답으로 일관하거나 너무 피상적이라고 느꼈기 때문입니다.

또 12%는 교회로부터 얻을 수 있는 것 이상으로 더욱 예수님과 그분의 생명을 알기 원했다고 합니다. 그 교회의 초점이 예수님 안에서 풍성한 생명을 경험하도록 사람들을 가르치고 돕기보다는 단지 일들에 맞춰져 있는 듯이 보였기 때문입니다.

그리고 3%는 별다른 불만은 없었지만 다만 성령님이 그들의 여정에 있어서 다른 단계로 옮겨가도록 이끄심을 느꼈다고 밝혔습니다.

물론 조사 대상에는 교회를 포기하면서 하나님도 포기한 이들은 포함되지 않았습니다. 그런 많은 사람들은 그 기관이나 리더의 실패가 곧 하나님이 계시지 않거나, 계신다고 해도 그들에게 별로 신경 쓰지 않으시는 증거라고 여깁니다. 이는 예수님을 찾는 이를 향해 아버지의 실재를 나타내기보다는 프로그램을 영위하기 위해 더 많은 일을 하는 우리 종교 시스템이 낳은 비극적인 유산입니다.

떠나는 사람 외에도, 깊은 갈망을 채우지 못하는 예배에 앉아 떠난 이를 떠올리는 목회자나 교구원 같은 다른 이들이 있기 마련입니다. 그런 관계 때문에 떠나지 않고 의무감으로 인해 얼마나 고통스럽든지 남아 있는 다른 사람들도 있습니다. 관계 때문에 머물러 있는 사람 역시 실질적으로는 체념자입니다. 몸으로는 남아 있어도 점차 드문드문해지면서 완전히 빠지게 되기까지는 시간문제일 뿐입니다.

단순히 말하자면, 떠난 이들은 대부분 있던 곳에서 영적 갈망을 더 이상 채울 수 없었기 때문에 나왔습니다. 그러니까 어느 날 문득 박차고 나온 것이 아닙니다. 이는 거의 항상 길고도 더딘 과정이며 심지어 그들은 할 수 있는 한 저항했고 자신의 양심에 대해서도 내내 충실했습니다.

그 과정은 모두에게 힘이 듭니다. 떠난 사람들은 처음 몇 개월

동안 죄의식에 시달리며, 바깥에서 그들의 갈망을 나눌 다른 사람들을 찾을 수 있을지 그 결정에 관해 자주 다시 생각해 보곤 합니다. 그리고 남겨진 사람들도 근심과 거절감으로 마음이 어렵습니다. 그들은 각기 옳게 행하고 있다고 확신하기 원하며 다른 이들을 향해서도 그렇게 납득시키려고 함으로 양쪽 사이에는 너무나도 자주 거친 말과 정죄가 오가곤 합니다.

떠나간 사람들은 여러분의 적이 아닙니다. 그들이 전에 여러분의 친구였다면, 여러분이 걱정하고 있다 하더라도 지금도 여전히 친구이지 않겠습니까? 주일 아침에 우리가 어떻게 모이든 아니면 모이지 않는다 하더라도 서로 사랑하는 일이 훨씬 더 중요하지 않습니까? 우리가 만일 그들의 갈망에 관해 덜 위협적으로 받아들였더라면, 어쩌면 믿음에 있어서 더욱 의미 깊은 환경을 찾고자 하는 그들의 바람을 축하해 줄 수도 있었겠지요.

분명 떠난 사람 중에서 일부는 찾던 공동체를 발견할 수 없을 때 다시 돌아옵니다. 그러나 대부분은 한두 해 뒤 다른 사람들과 연계를 찾게 됩니다. 그들은 제도권의 조직을 유지할 필요나 대가 없이, 작은 모임 혹은 자라나는 우정 가운데 더욱 진정하고 너그러운 공동체를 향한 갈망을 공유합니다. 그들은 믿음을 키울 수 있는 대화에 더욱 많은 시간을 쓰는 반면, 만남을 계획하고 구조를 유지하는 데는 시간을 덜 씁니다.

제도권 모델이 공동체와 성장을 위한 평생의 환경을 제공할 수 있다는 데 희망을 잃은 사람들이 곧 교회가 생명력을 잃었다는 죽음의 표시는 아닐 수도 있습니다. 어쩌면 그들은 예수님의 교회가 세상에서 표출되는데 한 가지 이상의 길이 있을지도 모른다는 희망일 수 있습니다.

Beyond Sundays

04

교회 출석 감소에 기여하는 다섯 가지 요인

사회학자 조쉬 패커드에 따르면 더 이상 지역 교회에 출석하지 않아도 여전히 그리스도 안에서 믿음으로 열정적인 관계를 이어나가는 사람들이 3100만 명 있습니다. 이는 주일마다 예배에 출석하는 사람들과 똑같은 수입니다. 더구나 가까운 미래에 출석 교인들 가운데 700만 명은 떠나는 행렬에 가세할 전망입니다.

이 모든 현상을 어떻게 해석해야 할까요? 어떤 목사들은 영적 가족이 가장 필요한 이 때에 떠나는 이들은 단지 이기적일 뿐이라고 주장합니다. 그런 말은 지난 20여 년간 내가 만나온 사람들로 봤을 때 사실이 아닙니다. 그들은 이기심으로 인해 떠나지 않았습니다. 그보다는 교회에 변화를 불러일으키고자 최선을 다해봤지만 아무도 듣지 않았고 결국 무력감에 질렸기 때문이었습니다. 그들은 교회를 포기하지 않았습니다. 그보다 더욱 진정한 교회의 모습을 찾고 있을 뿐입니다.

그럼 왜 이렇게 많은 사람이 지금 떠나고 있을까요? 나는 우리 시대로부터 기인해 이 대탈출 현상에 기여하는 다섯 가지 문화적 요인이 있다고 봅니다.

공동체 탈피 경향

50년 전 대부분의 지역 교회는 수세대에 걸쳐 형성돼 마치 확대된 대가족과도 같은 주민의 모임 장소였습니다. 1970~80년대 교회성장 운동이 규모에 중점을 두면서 메가처치가 출현했고 클수록 좋다는 바람 가운데 실질적인 공동체는 실종됐습니다. 대부분의 사람들은 낯선 이들로 가득 찬 예배당에 앉아 있게 됐습니다. 많은 이들이 가정모임 프로그램을 다양하게 구현함으로써 필요를 채우려 노력했지만 관리하기에 너무 많았고 진정한 우정을 키우기보다는 모임 자체에 초점을 둬 대부분 실패했습니다. 그들은 공동체를 낳지 못했고 대부분 관계는 기껏해야 피상적이었습니다.

가벼운 기독교인에 대한 어필

규모의 확대를 꾀하면서 리더들이 열정적인 사람에 관해서는 어쨌든지 나온다고 여겼기 때문에, 많은 프로그램은 열정적으로 예수님을 따르는 사람보다는 덜 관여하는 사람에게 끌리도록 만들어졌습니다. 이들은 일주일에 한 번 나오는 데 있어 본질보다도 즐거움이 더 중요한 사람들입니다.

전문 스포츠팀의 경우에 실리적 성장이 대중적인 팬 유치에 달렸다고 판단되면 일반인에게도 재미있도록 그 스포츠의 특징을 바꿨습니다. 그 영향으로 인해 많은 골수팬에게는 처음 사랑에 빠졌던 그 게임이 엉망이 돼버렸지만, 시청률은 치솟았습니다. 그런 방식이 축구에선 먹힐지 몰라도 복음에 관해선 맞지 않습니다. 예수님의 열정적인 제자들은 떠나가고 단지 영적으로 가벼운 관심뿐인 사람들만 남아 많은 목사들은 걱정에 빠지고 맙니다.

문화적 압력의 저하

한때는 지역사회에서 그리스도인으로서 신임을 얻기 위해 또는 하다못해 지역 시장에 참여하기 위해서라도 사실상 지역 교회 교제에 동참할 필요가 있었습니다. 또 참가하지 않는 사람은 경멸당했습니다. 이제는 그렇지 않으며 사람들에게는 주말을 보낼 수많은 옵션이 있습니다. 더 이상 사람들이 외부 압박 때문에 의무감을 느끼지 않고, 지역적 교제에 불참하는 데 대한 낙인도 더는 존재하지 않습니다.

지성을 선호하고, 심령은 간과하는 영성의 시스템화

신학원에서는 신자를 가르치기 위해 학자를 기르지만, 영적으로 생기를 불어넣는 심령을 갖게 하는 일은 배제합니다. 하나님은 설교나 글 또는 성경 수업만으로 알아가는 것이 아니라 속사람의 생명으로 알아갈 수 있습니다. 사람들이 하나님과 더욱 관계를 맺도록 돕지 못하면, 지적 이해만으로는 만족할 수 없는 영적 굶주림이 생겨납니다. 그들의 열정을 끌어내는 대신 믿음의 동기로 의무와 죄책감을 부여하며 안주한 결과, 사람들은 지치고 낙망하여 공허한 채로 남게 됐습니다.

대안적 견해를 향한 접근 가능성

교회의 제도적인 프로그램을 두고 고심하던 사람들은 줄곧 그들이 혼자라고 생각하곤 했습니다. 그런 고립 상태는 사람들이 서로 관여할 수 있는 아이디어를 결정권자가 통제하는 한 쉽게 유지할 수 있었습니다. 물자의 유통 비용이 많이 들던 시절에는 대부분의 출판사들이 책 판매에 있어 목사님들의 추천이 중요하다고 생각했기 때문에 현 상태에 도전하는 문헌을 발표하는 일이란 불가능했습니다. 이제는 누구라도 세상에 책을 내고, 인터넷에 글을 올리거나, 팟캐스트를 공유할 수 있습니다. 그래서 사람들은 제도적 프로그램의 무기력함에 관해 걱정하는 이가 자신만이 아니라는 사실을 발견하고 있습니다. 그런 많은 사람들은 개인적으로 더욱 생기 넘치는 영적 생활을, 또 다른 이들과의 공동체에 있어선 더욱 연대적인 경험을 갈망합니다.

이러한 요인들이 종교 역사상 지금 이 시기에 부합한다는 사실은 떠나는 이들이 그저 자기 관심사를 따르는 이기적인 사람들이 아니라, 훨씬 더 큰 무언가를 가리키는지도 모릅니다. 이 대탈출은 실상 앞으로 다가올 나날에 예수님의 교회를 다시 활성화시키기 위한 성령의 움직임일 수도 있습니다. 사람들은 교회를 포기하지 않습니다. 다만, 더는 그 가운데서 성장할 여지가 없는 그 구조들을 떠날 뿐입니다.

그러므로 어떤 이에게는 3100만 명의 사람이 걸어나간다는 사실이 불안 요인으로 보이겠지만 나는 희망을 발견합니다. 사람들은 믿음을 진지하게 여기므로 만일 출석 교회가 믿음의 여정을 보여주지 못한다면, 개인적으로 기꺼이 큰 위험을 무릅쓰고라도 다른 곳을 탐색합니다. 단지 또 다른 제도권이 아니라 하나님 및 다른 사람과 교통할 수 있는 더 친밀한 길을 찾아서 말입니다. 그들은 세상에서 더 자유로이 사랑할 수 있도록 해주는 더욱 진실한 영성을 찾고 있습니다.

지금은 교회 역사에 있어서 흥분되는 시대입니다. 우리는 하나님과 깊은 관계를 맺는 사람들이 엄격한 제도주의를 벗어나서 세상 가운데 연대하고 협력할 길을 찾을 때 교회가 어떻게 표출될 수 있을지 발견하는 중입니다. 나는 그들이 기존의 조직적인 제도권 교회보다도 세상에 하나님의 본성을 더욱 잘 표현해내길 소망합니다. 이러한 시대에 살고 있다니 정말이지 대단한 일입니다.

05

3500만의 사람들을 찾아서

인생에서 여러 해를 종교적인 예배에 쏟아부었지만 어떤 이유에선지 하나님께서 얼마나 실제적이시며 그들을 얼마나 깊이 사랑하는지 결코 발견하지 못한 누군가를 만날 때처럼 내 가슴이 찢어지는 일은 없습니다.

『교회 난민』의 내용에 따르면, 3500만 명의 미국인이 그들의 종교 기관을 떠나면서 동시에 하나님에 대한 믿음도 포기했습니다. 나에게는 그들이 떠난 사건이 문제가 되지 않습니다. 종교 기관이 우리의 영적 성장을 북돋우기보다는 종종 저해할 수도 있으니까요. 그러나 사랑스러운 하나님을 알지도 못한 채 떠나는 사람들을 생각할 때 나는 마음이 아픕니다. 이 말은 그들이 그토록 모임에 참석하고, 기도를 드리고, 선한 일을 했음에도 불구하고 우주에서 가장 사랑스러운 존재와 얼굴을 마주한 적이

단 한 번도 없었다는 뜻입니다. 그들은 자신에게 구애하는 그분의 음성이나 삶에서 역사하는 하나님의 손길을 결코 알아채지 못했습니다. 결국 교회와 그곳의 활동이 그들이 알던 신이었지만, 실제의 하나님은 놓쳐버리고 말았습니다.

슬프게도 그들이 왜 그분을 잃어버렸는지 나는 이해가 갑니다. 불안해하므로 엄하게 군림하려고 들거나 아니면 단지 스스로가 그분을 잘 모르는 종교 지도자들, 그리고 초월적인 하나님과 교통하도록 돕기보다는 법규와 의례로 대체해 버리는 율법적 종교 전통은 사람들이 찾고자 하는 바로 그 믿음을 가로막을 수 있습니다. 어떤 이는 종교 없이는 하나님을 받아들일 수가 없다고 말합니다. 마치 일종의 패키지 계약처럼 말입니다. 만일 당신이 그분의 소유가 되고 싶다면 신실함을 입증하기 위해 시간표에 따라 명령한 것들을 해야 한다는 것입니다.

그러나 그렇게 말하는 사람들은 보통 자기 목적을 위해 기관을 세우거나 유지하고자 합니다. 그들의 가르침은 진실이 아닙니다. 어떤 교회는 사람들이 하나님의 실재를 발견하도록 도울 수도 있지만, 다른 여러 교회들은 장애가 되기도 합니다. 그런 이유로 예수님은 어떤 기관이나 종교를 창시하지 않으셨습니다. 그분은 아버지의 실재 안에서 사는 삶이 어떤 것인지, 그분의 사랑이 우리를 어떻게 변화시키는지, 우리가 다른 이들을 사랑

함으로써 어떻게 우리 주변에서 그분의 왕국이 펼쳐지는지 나타내 보이기 위해 오셨습니다.

그렇기 때문에 사도 바울은 "지혜와 설득력 있는 말로" 사람을 얻으려 애쓰지 않았습니다. 그는 사람의 믿음이 "인간의 지혜에 있지 않고 하나님의 능력에 있기" 원했기 때문입니다. 만일 당신의 영적 열정이 단지 누군가 다른 사람의 가르침을 따르는 데 바탕을 두고 있다면, 어쨌든 그 마음은 오래가지 못할 테고 결국 당신을 실망시키고 맙니다.

그래서 지금 나는 당신을 찾고 있습니다. 이 3500만 명 중 어느 한 사람이라도 함께 앉아 점심을 나눌 수 있다면, 나는 이렇게 알려주고 싶습니다.

>> 종교적 의무란 복종에 근거한 시스템으로 두려움과 조종에 따라 움직이는 만큼 당신의 마음으로부터 자라나는 하나님의 사랑을 키워줄 수 없습니다. 그렇지만 포기하지 마십시오. 대개는 누군가 이미 그분을 알고 있는 사람과 함께 다른 곳을 바라봅니다. 실제의 하나님과 함께 걷는 길은 인생이 줄 수 있는 최고의 탐험입니다.

>> 종교 및 종교 지도자들의 실패와 하나님의 실재를 구분하십시오. 예수님은 그렇게 하셨습니다. 바리새인들은 하나님을 잘못 알았기에

그분께서 죄인을 사랑하시거나, 전통에 따르기를 거부하신 일을 이해할 수 없었습니다. 그래서 그들은 예수님을 죽였습니다.

>> 당신이 하나님에 대해 왜곡된 시각을 받아들였을 가능성을 고려해 보십시오. 특히 하나님을 공포로 세상을 다스리기 원하는 화난 폭군으로 본다면 말입니다. 실제로 그분은 은혜로운 아버지로서 이 지구에서 그 누구보다도 당신을 사랑하시며 앞으로도 영원히 그러하십니다.

>> 이미 당신에게로 다가오고 계시는 하나님을 인식하십시오. 머릿속에서 지금의 삶의 불안으로부터 빠져나오라고 손짓하는 그 음성을 통해 하나님께서는 당신을 그분께로 이끄십니다. 이 우주에서 당신이 혼자가 아님을 그리고 누군가 당신과 이 세상을 애정 어리게 붙드심을 느낀 그 경이로운 순간들이 바로 당신과 관계 맺기 바라시는 그분께서 넌지시 당신을 끌어당기신 때입니다.

>> 하나님은 최근 자연 재해, 가장 친한 친구의 죽음, 당신의 재정적 어려움이나 삶에서의 좌절을 배후에서 일으키신 분이 아니십니다. 그분께서는 당신 혹은 그들이 그분을 알아보지 못했다거나 따르지 않는다고 해서 벌하지 않으셨습니다. 이 세상이 창조주와의 조화

에서 이탈했고 그 결과로 죄, 아픔, 고통이 우리 모두에게 영향을 미칩니다. 하나님께서 그런 문제들을 일으키지 않았습니다. 이 모든 일 가운데 그분은 혼돈으로부터 우리를 구하시고, 그분을 아는 관계로 초청하시는 분이십니다.

그분께 요청하십시오. 당신에게 그분을 보여주며 그분을 따르는 법을 가르치고 도와줄 누군가를 보내 달라고 말입니다.

예수님께서 하신 말씀은 전부 진리입니다. 하나님 안에 당신이 거할 처소가 있으며, 하나님도 당신 안을 거처로 삼으십니다. 그러므로 단지 기관이 당신을 실망시켰다고 해서 이 추구를 포기하지 마십시오. 그냥 하나님께 구하십시오. 정말로 계신다면, 나에게 당신 자신을 보여주시겠습니까?

그렇게 구하십시오.

그분이 그렇게 하실 것입니다.

Beyond Sundays

06

꼭 출석하지 않아도 됩니다

나는 오늘날 기독교가 예수님의 가르침 위에는 느슨하게 기반을 두고 핵심은 모두 잃은 채 인간적 종교로 녹아 들어가고 있다는 점에 더욱 우려합니다.

나는 지역 교회에 주일마다 출석해야 할 이유를 다섯 가지, 여덟 가지 혹은 열두 가지씩 대는 여러 목사님의 블로그와 기사의 링크를 매주 받습니다. 그러나 그것을 입증하기 위해 그들은 예수님의 삶이나 성품에 근거하지 않는 무리수를 두고 맙니다. 이런 결론은 단지 잘못된 가르침일 뿐 아니라, 그분의 생명과 기쁨 안에서 자라기 원하는 사람들에게 실질적으로 해롭습니다.

이는 그들을 향한 개인적 판단이 아닙니다. 나는 그들 중 많은 이들이 부르심 받았다고 여기는 대로 행하려고 애쓸 따름인 좋은 사람이라고 확신합니다. 나는 또한 교회 출석률이 계속해서 떨어지는 지금이 그들에게 두려운 시기라는 사실도 인정합니다. 누군가 교회 일원이 아니어도 실질적으로 하나님과의 관계에서 성장할 수 있고, 세상 가운데 형성되는 예수님의 교회의 경이로움을 경험할 수 있으며, 잃어버린 자에 대한 그분의 사명에 동참할 수 있다는 생각은 특히 그것에 직업이 달려있는 사람에게는 두려운 우려가 되겠지요. 많은 이들은 심지어 이런 일이 가능하다고 인정하지도 않습니다. 그래서 그들은 의무와 책임이라는 말로 더욱 출석을 강조합니다. 그럼으로써 그들은 복음을 더 이상 알아보기 힘들 정도로 왜곡시키고, 결국 사람들에게는 그 순종 여부에 그들의 삶과 성공이 달렸다고 하는 리더십의 말에 복종하는 일만 남습니다.

다른 신자들과 정기적으로 모여 신앙 여정을 나누는 데는 여러 좋은 유익이 있습니다. 다만 이 모든 모임이 종교 시스템의 틀에 갇힌 주일 아침 예배에서만 일어나진 않습니다. 제도 중심의 예배는 영적 성장을 북돋우기보다 종종 억누릅니다. 많은 이들이 전통 지역 교회의 벽을 넘어 교회의 생명을 더욱 긴밀하게 공유할 수 있는 방식들을 발견했습니다. 그러므로 일반적인 예배에 출석해야 한다고 말한들 실은 그렇지 않다는 사실을 이미 알게 된 그들은 귀를 닫아 버립니다.

만일 죄책감과 의무감을 통해 이런 사람들을 다시 돌아오게 하거나 계속 남아 있도록 두려움을 줄 수 있을 거라 기대한다면, 그것은 지는 싸움일 뿐 아니라 그러기 위해 하나님과 복음을 왜곡하는 처사입니다. 교회의 생명은 의무가 아닌, 사랑의 기쁨과 변화로부터 찾을 수 있습니다. 신자들이 떠나가는 것을 억제하기 위해 떠난 사람의 구원을 폄훼하려는 시도는 계속해서 역효과만 낳을 것입니다.

여기 그런 논쟁의 한 사례가 있습니다. 이는 미주리 남침례교단의 나단 로우즈 목사가 '교회' 모임에 빠지면 당신의 안녕health에 위험하다고 말한 내용입니다. 그는 최근에 쓴 '예배 결석의 다섯 가지 영적 위험'이란 글에서 다섯 가지 이유를 제시했습니다.

1. "영적 성장과 안녕을 위한 하나님의 본래 의도를 잃게 됩니다."

대체 예수님의 어떤 사역을 보고 영적 성숙을 위한 하나님의 주요 수단이 매주 교회예배 출석이란 결론에 도달했습니까? 예수님 자신도 그러신 적이 없고, 제자들에게 가르치신 적도 없는데 말입니다. 예수님께서는 우리의 영적 성장을 우리 안에 거하시며 모든 진리 가운데로 인도하시는 성령님께 의탁하시지 않았습니까? 사마리아 여인이 예수님께 어느 곳에서 예배해야 할지 물었을 때, 그분께서 장소는 문제 되지 않는다고 분명히 말씀하셨습니다. 영과 진리로 드리는 예배가 중요합니다. 하나님의 사랑 안에 살며 우리 안에 계신 성령님께 반응하는 삶이 우리의 성장과 안녕을 위한 하나님의 본래 의도이지, 주일 아침 장의자 위에 앉아 있는 일이 더 중요한 것은 아닙니다.

2. "하나님께 불순종하는 것입니다."

많은 경우와 같이 로즈 목사는 히브리서 10:24-25을 인용하며 "함께 모이는 일을 폐하지 말라"는 권면이 오직 매주 교회 예배를 통해서만 이룰 수 있는 명령이라고 말합니다. 언뜻 보기에도 잘못 해석된 말입니다. 이는 목사들이 교회 출석을 빠지지 못하게 하도록 제시하는 유일한 성경 구절이며 그러한 측면에서 잘못 쓰이고 있습니다. 이 구절은 교회 예배에 빠지는 신자를 향해서가 아니라, 핍박 가운데서 모이기를 피하면 박해자들이 그들을 찾기가 더 어렵지 않을까 고심하던 사람들에게 쓰인 말씀입니다. 저자는 그들에게 혼자보다 서로 모이도록 장려함으로써 더욱 유익을 얻을 수 있다고 말했습니다. 더욱이 대부분 주일 예배는 그 초점이 강대상에 있는 만큼 서로 격려할 시간도 갖지 못합니다. 히브리서 10장은 모임 출석에 관한 이야기가 아닙니다. 그 말씀은 서로 계속해서 연대하면서 그들의 삶과 격려를 소중하게 간직하라는 뜻입니다. 솔직히 말해 오늘날 많은 교회는 그런 연계를 촉진하기보다는 더욱 제약하는 경향이 있습니다.

3. "세상에 하나님은 예배드릴 만한 가치가 없다고 선언하는 것입니다… 그것은 불신자의 태도이자 행태지, 하나님의 사람은 그러지 않습니다."

    그렇다면, 예배하러 오지 않으면 더 이상 하나님의 사람이 아닙니다. 이 판단은 두렵기까지 합니다. 경배worship란 찬양 예배나 설교가 아니라 하나님의 실재와 사랑 가운데 사는 삶입니다. 우리가 그분을 어떻게 보며 다른 이들을 어떻게 사랑하고 존중하는지에 따라 그분께서 영광을 받으시기도 하고 모독을 당하시기도 합니다. 주일 아침 교회 의자에 앉아 있는 일이 곧 당신이 예배를 얼마나 중요하게 여기는가를 말해주는 것이라면, 주일 성수가 당신이 이해하는 예배의 전부인 것입니다. 만일 그렇다면 당신은 주일을 뺀 나머지 주중에는 영적 빈궁 상태에 빠질 것입니다. 우리는 직장에서 일할 때든, 그분의 창조를 누릴 때든, 누군가 필요한 사람을 섬길 때든 우리의 삶이 그분을 예배합니다.

4. "당신은 누구에게도 사역할 수 없습니다."

정말입니까? 이 세상에서 하나님이 원하시는 모든 사역이 단지 주일 아침 교회 종탑 아래서만 일어날 수 있습니까? 웃어넘기기엔 그런 생각의 전제가 주는 폐단이 심각합니다. 예수님의 사역지는 사람들과 마주치는 거리에 있었지, 절대 어떠한 예배로 한정하지 않으셨습니다. 진정한 예배는 장의자에 앉아서 다른 사람들에게 당신의 찬양을 들려주고 목사님을 향한 지지를 보이는 일이 아닙니다. 사역은 당신이 알고 있거나 삶을 통해 만나는 사람들을 사랑하고 돕는 일과 관계 있습니다. 그렇게 사역할 수 있는 상대는 당신의 이웃, 직장, 학교 혹은 온 세상에 존재합니다.

5. "천국을 맛보지 못할 것입니다."

만약 주일 아침 예배가 정말로 천국의 맛보기라면 누구도 빠지지 않으려 할 테고 굳이 나오라고 의무 지울 필요도 없었겠지요. 많은 경우 주일 예배는 마치 로스 목사가 쓴 이글과 같이 반복되는 형식으로 종종 책망과 정죄가 곁들어집니다.

그중에서도 가장 우려스러운 점은 그들이 사람들에게 자기 교회로 나오기 바라는 것보다, 교회에 나오는 이유로 의무를 거론한다는 것입니다. 그들은 갈라디아 교인들과 똑같은 실수를 저질렀습니다. 하나님의 약속을 의무로 바꿈으로써 복음을 왜곡시키고, 하나님의 생명으로 초대하는 기쁨을 요구와 위협으로 바꿔버립니다. 거기에는 "나만 불행할 수는 없어"라는 심리가 깔려 있습니다. 우리가 여기 있는 이유는 하나님께서 우리 안에 역사하시고 우리가 즐겁기 때문이 아니라, 하나님께서 그래야 한다고 말씀하셨기 때문이라며 말입니다. 제발 그러지 마십시오! 하나님의 왕국은 값진 진주이지, 영적 안녕을 위한 보조식품이 아닙니다.

사도 바울은 우리에게 자유 안에서 살도록 권면하면서 그 누구도 우리에게 어디로 가야 할지, 무얼 먹어야 할지 또는 입어야 할지 지시하며 속이지 못하도록 하라고 당부합니다. 예수님 안에서 자유롭고 풍성하게 살도록 구비시키기보다는 무엇을 해야 할지 주문하려 드는 사람은 머리 된 예수님과 연결이 끊어진 자입니다.

자신의 교회나 모델을 넘어 그리스도의 교회에 대한 실체를 보지 못하는 사람에 대해 나는 정말로 안타깝게 느낍니다. 아마도 그들은 왜 헌신적인 교인이 떠날 필요를 느꼈는지 정직하게 바라보는 편이 나을 것입니다. 질책과 요구로 사람들을 재촉하는 일로는 절대로 하나님 왕국의 사역을 이룰 수가 없습니다.

어쩌면 그들에겐 자신들의 교회가 하나님의 본성과 실재를 얼마나 정확하게 보여주고 있는지를 자문해야 할 때인지도 모릅니다. 사람들이 예수님의 자유와 변화를 실제로 경험하며 살도록 정직하게 도우려고 한다면, 예수님께서 그들의 경계 밖에서 일하신다고 해서 위협을 느낄 필요가 없습니다.

사실 그들이 하나님의 왕국을 먼저 둔다면, 그분이 하시는 일을 기뻐할 것입니다.

Beyond Sundays

07

바울은 얼마나 오해한 걸까요?

잉글리쉬 코스트에서 우리가 유럽으로부터 온 친구들과 함께 모였을 때 햇살은 눈부셨습니다. 나는 아일랜드에서 온 남아프리카인 데이브 곁에 앉았습니다. 우리가 다시 만났을 때 그는 장난기 섞인 목소리로 물었습니다. "요즘 내가 무슨 생각을 하고 있었는지 알고 싶지 않아요?"

물론 나는 궁금했습니다! 내가 알기로 데이브는 익살맞을지는 몰라도, 예수님을 진지하게 따르는 사람으로서 도발적 사고의 소유자입니다.

그는 몸을 기대더니 은밀하게 속삭였습니다. "나는 바울이 얼마나 오해를 했던 걸까 궁금해하고 있었답니다."

대체 무슨 말을 하려고 저러는 걸까, 나는 고개를 내저으며 껄껄 웃었습니다. 그 말은 확실히 뼈 있는 질문이었습니다만,

이어진 대화를 통해 그는 바울이 오해를 했다기보다 우리가 바울을 얼마나 잘못 해석했는지에 더욱 초점을 두었다는 것이 바로 드러났습니다. 우리는 마치 바울서신이 21세기 교파와 대형 교회를 향해 바로 지난주에 쓰인 것처럼 읽습니다. 그러나 그가 편지를 썼던 초기의 신자들은 오늘날같이 복잡한 정치 경제적 구조를 갖춘 거대 조직에 속하지 않았습니다.

우리는 바울이 예배에 관해 쓰면서 언급하고 있는 것들이 우리가 예배를 시작할 때 하는 노래나 기도, 수동적인 청중으로 가득 찬 강의와도 같은 가르침, 교회의 재정적 결정을 내리는 사업가로 이뤄진 장로회, 수입을 위해 종교 시장의 틈새를 개척하는 사업가 같은 목사를 가리키는 것이라고 잘못 짐작합니다.

초기 신자들이 오늘날 대부분의 교회 모임과 비슷한 방식으로 어떠한 일도 하지 않았다는 사실을 잊은 채, 우리 조직을 합리화하기 위해 같은 용어를 뽑아 이용할 때 우리는 바울을 완전히 오해합니다. 대개 당시 새신자들은 어떤 가정을 중심으로 모인 비격식적 관계들로 이뤄졌습니다. 고린도 신자들은 안식 후 첫날에 모였지만 다른 모든 이들도 그랬는지는 알 수 없습니다. 심지어 바울은 로마 성도들에게 어떤 사람들은 특정일을 중시하고, 다른 이들은 모든 날을 같이 여기지만 그리스도 안에 자유가 있다고도 썼습니다.

그러나 확실한 사실은 그들이 장의자에 앉아 그저 강대상을 바라보고만 있거나 어떤 한 사람이 회중의 삶을 지배하도록 허용하지 않았다는 점입니다. 그런 일이 에베소에서 일어났을 때 요한은 디오드레베에 관해 다른 이들 위에 군림하므로 악하다고 외쳤습니다(요삼 9-11). 한편, 데메드리오에 관해 요한은 그의 삶을 인정해 주었습니다. 정말로 이 두 사람이 교회에 관한 지배권을 놓고 이사회 모임에서 서로를 대적하며 다투었을 거라 상상하시나요? 그 이후에서야 인간적인 지도자들이나 디오드레베처럼 신자들을 지배하기 원했던 것이지 원래 그들은 집권적인 조직이 아니었습니다.

그렇습니다. 나는 바울이 오해했다고는 생각지 않습니다. 그가 쓴 모든 서신을 통해 우리가 율법에 갇혀 살거나 예수님 대신 자신을 따르기 바라는 소위 리더라고 하는 자들에게 복종하지 않고 예수님과 생기 넘치는 관계 안에서 살도록 초대한 데 대해 나는 감사합니다. 그러나 많은 이들이 잘못 생각하고 있는 것이 있습니다. 그들은 바울서신에 관해서는 올바른 믿음과 실천을 위한 지침으로 여기는 반면, 우리에게 성령을 보내 모든 진리 가운데로 인도하신다는 예수님의 말씀은 완전히 무시합니다. 예수님은 어느 날 바울이 쓴 글들을 묶어 그것이 성령을 따르는 일을 무효화한다고 하신 적이 절대 없으십니다. 심지어 바울조차도 오늘날 우리가 그의 글을 어떻게 적용하는지 본다면 소스라치게 놀라겠지요. 그는 사람들을 향해 성령을 따르도록 격려하기 위해 글을 쓴 것이지 신약의 윤리 강령을 만들거나 지도자의 위계를 세우려고 쓰지 않았습니다.

  나는 성경이 우리에게 하나님에 관한 진리와 그분께서 세상에 자신을 어떻게 드러내셨는지 알려 주려고 하나님의 영감으로 쓰인 글 모음이라고 여깁니다. 하지만 성경은 우리가 성령님 안에서 살아가도록 구비시키려는 의도로 쓰였지, 우리 삶에서 그분이 행하시는 사역을 대체하지 않습니다. 누군가 그들의 종교 시스템을 합리화하려고 바울의 말을 인용할 때면 당신은 그들이 종교적 기관이라는 블라인드를 치고 이를 통해 바울을 해석하고 있다는 사실을 알 수 있습니다. 그들의 결론은 새로운 피조물의 생기 넘치는 공동체보다 세상의 관리 방식을 훨씬 더 반영하기 마련입니다. 바울이 목사나 장로 같은 비슷한 단어를 쓰지만, 그 뜻은 오늘날 우리가 쓰는 방식과 확연히 다릅니다. 바울은 어린 신자에 대해 더욱 순전한 믿음을 갖도록 격려하며 참과 거짓된 삶을 분별할 수 있는 성품을 지닌 장성한 형제자매에 관해 이야기하는 것입니다. 신학 학위나 군중을 끌어모으는 카리스마가 있는 사람들에 관해 말하지 않았습니다.

  바울서신을 읽고 나서 오늘날 대부분의 사람이 교회를 생각하는 방식을 봤을 때, 가장 두드러진 차이는 교회가 얼마나 "우리"에서 "그것"으로 바뀌었는지 입니다. 교회는 속량 받은 공동체로서 기쁨과 은사를 나누는 생명력을 잃고 그리스도를 따르는 자들을 감독하려는 기관이 돼버렸습니다.

"교회 출석이 의무입니까?" 얼마 전 나는 이 문제에 관한 라디오 토론에 출연했습니다. 나는 왜 그렇게 많은 사람이 전통 기독교 기관을 떠나고 있으며, 그들이 여전히 그리스도를 따른다고 볼 수 있는지 설명해 달라는 요청을 받았습니다. 그 논의는 충분히 우호적이긴 했지만, 진행자는 끝마치며 3세기 중반 카르타고 주교 키프리아누스의 잘 알려진 말을 인용했습니다. "교회를 어머니로 두지 않은 사람은 하나님을 아버지로 둘 수 없다." 그녀의 결론은 분명했습니다. 당신이 공인된 지역 교회 밖에 있다면 예수님을 따르는 자일 수 없다는 것입니다. 나는 정말로 바울이 이 말에 어떻게 반응할지 좀 보고 싶습니다.

이런 인용은 언뜻 봐도 말이 되지 않습니다. 우리가 하나님의 자녀로서 교회를 이룬다면, 어떻게 우리가 스스로의 어머니가 될 수 있나요? 우리는 하나님을 우리 아버지로, 그리스도를 우리 머리로 둔 형제자매입니다. 내가 아는 한 키프리아누스의 이 말은 처음으로 교회를 "우리"에서 "그것"으로 재정의한 것입니다. 그리고 "그것"이란 우리의 복종과 일치를 요구하는 어머니입니다. 그렇게 하면서 초기 주교들은 아주 의도적으로 그들 자신을 하나님의 가족 위로 높이고 그들 스스로 예수님과 그분을 따르는 사람들 사이에 중재자로 끼어들었습니다. "그것"을 따름으로써 그분을 따르게 되었습니다.

예수님이 죽으시고 바울이 서신을 쓴 지 250년도 채 안 돼서, 새로운 피조물의 자유는 스스로를 "교회"라 부르는 기관에 의해 무참히 부서졌습니다. 게다가 더욱 개탄스러운 사실은 우리 시대의 개신교마저도 그러한 인용으로 호소하려 들고 있다는 점입니다. 키프리아누스가 한 말의 맥락이 특히 카톨릭 교회에게 권위를 부여하였는데도 말입니다. 그 라디오 진행자조차도 그가 가리킨 대상에 대한 의무적 충성을 지키지 않고 벗어나 있었습니다. 개신교 역시 초기에 주교들이 요구하였듯이 그들의 체제를 향한 충성을 요구하기 때문에 아마도 자신들의 모순을 깨닫지 못했을 겁니다.

이 상황은 심각하게 잘못된 경우가 아닙니까? 사람들은 더는 예수님을 따르도록 초청받지 못합니다. 그들 대부분은 누군가 바울서신을 해석한 바대로, 그들이 따라야 하는 감독자 혹은 지켜야 하는 의례가 있습니다. 나는 어떻게 하나님을 아버지로 알면서 이토록 멀리 항로에서 이탈해 버릴 수 있는지, 또한 그들에게 동의하지 않는 누구라도 비난을 가할 만큼 어떻게 그토록 확신하는지 항상 의아했습니다. 당신이 우리 모임에 참석하지 않고, 우리 의례에 참여하지 않으며, 우리 구성원이 되지 않거나, 우리와 서약하지 않는다면 그리스도와 그의 구원에서 제외된다고 말입니다.

나는 정말로 오늘날 염려하는 일들에 대해 이해합니다. 예수님을 따른다고 주장하는 많은 이들은 단지 자신의 관심사를 따르면서 오류 속에 빠져듭니다. "좀 더 성숙한 형제자매"들이 제도적으로 통제해준다면 문제가 해결되리라 생각하기는 쉽지만, 실제로는 그렇게 되지 않고 단지 문제가 바뀔 뿐입니다. 그런 일은 더욱 신실한 사람들이 예수님으로부터 눈을 떼도록 만들어 영적 성장을 저해합니다. 어떤 기관이라도 규모가 성장하면 지도자가 자기 이익을 위해 일하도록 유혹받기 쉬워집니다. 특히나 자아와 수입이 관여됐을 경우 더욱 그렇습니다.

어떤 단체의 미래를 보장하기 위한 유일한 방법은 구원을 위한 의무사항으로 만들어 사람들이 의존하도록 만드는 일입니다. 나의 수입이 신학의 직접적인 혜택을 입던 때에 나 역시도 방어하곤 했던 일들을 기억합니다. 그런 일은 생각보다도 우리의 사고를 더욱 미혹합니다. 그렇지만 의무라는 카드에 더욱 몰두한다면, 성육신의 실재와 새로운 피조물의 본성과 세상에서 자라나는 그분의 교회의 정체성을 무시하는 처사입니다. 예수님은 육체 안에 거하셨을 때뿐만 아니라 바로 지금, 성령의 권능으로 우리와 함께 거하기 위해 오셨습니다.

만일 우리가 말하는 "교회"라는 존재가 예수님께서 지상에 계신 때같이 교제를 나누지 않는다면, 그분의 교회라고 할 수 없을 것입니다. 이는 분명 바울이 말한 교회도 아니며, 그가 쓴 실체도 아닙니다. 우리가 예수님께 속했는지 아닌지는 매주 모임에 나가는 것으로 나타나지 않습니다. 그분의 성품이 우리 안에 형성되고 있는지, 그리고 우리가 주변 사람을 어떻게 사랑하는지를 통해서 드러납니다.

이에 대해 바울은 싸울만한 가치가 있는 자유라고 말했습니다. 바울은 그들 사이에 어떤 사람이라도 율법과 의무로 끼어들어 자유를 앗아가지 못하도록 주의하라고 경고했으며 "그 누구도 무엇을 해야 할지 지시하지" 못하게 하라고 말했습니다. 그는 목사나 감독에게도 예외를 두지 않았습니다. 바울은 어떤 것이나 누구라도 예수님 안에 있는 생명의 활력을 대신하지 않고, 사람들이 예수님께서 자신을 알려주신 그대로 그분을 따르기를 원했습니다.

교회의 생명은 결코 사람이나 시스템에 대한 책무에서 찾을 수 없으며, 우리 삶에 뿌리내린 그리스도의 사랑 안에서 발견될 수 있습니다. 그러므로 자기 자신보다 그리스도를 진지하게 따르는 사람들이 더욱 많이 필요합니다. 자유를 훔치려는 자들의 분노와 판단을 무릅쓰고라도 그분께서 당신 안에서 어떻게 역사하시는지 알아가는 일은 가치가 있습니다. 스스로를 리더로 세운 사람들의 기대에 부응해 사는 일은 예수님을 따르는 길이 아닙니다. 실제의 예수님을 따름으로써 우리는 그분을 따르게 됩니다.

이는 사람들에게 너무나도 생소한 개념인 나머지, 많은 경우 교회를 떠날 때 한동안은 길을 잃은 듯 느낍니다. 그런 사람들에게서 자주 듣는 질문이 있습니다. "이제 나는 어떻게 해야 하죠?" 우리 기관의 실패에 따른 최악의 폐해는 사람들이 외부로부터 의례나 지침이 없이는 더 이상 어떻게 예수님을 따르는지 전혀 모른다는 점입니다. 예수님을 따르도록 구비되기 보다는 잘 짜인 프로그램으로 영적 수동성에 빠져버립니다. 바로 이 때문에 사람들은 공허감을 느끼며 다른 무언가를 찾아 나섭니다. 하지만 그럴 때에도 사람들은 자신을 유지시켜 줄 일련의 행위들을 자연스레 찾게 되기 마련입니다.

그들에게 내가 주는 대답은 "그분을 따르라!"입니다. 이 말은 언제나 최고의 조언입니다! 설사 아직 어떻게 해야 할지 모른다 해도, 이제부터 배우게 됩니다. 이제 가장 중요한 질문은 내가 무엇을 해야 하는지가 아니라, 어떻게 그분을 알아갈지 입니다.

그분께서 나의 삶에 무엇을 나타내시는가? 내가 세상에서 더욱 자유롭게 살아가도록 그분의 사랑이 나를 어떻게 빚어가시는가? 주님께서 지금 나에게 동행하라고 요청하는 사람들, 즉 나를 도울 수 있는 사람들과 내가 도와야 할 사람들이 누구인지 알아가는 것입니다.

어떤 사람은 이미 세워진 다른 그룹과의 관계를 찾아냅니다. 그렇게 될 경우, 나는 프로그램이 아닌 관계를 향해 나아가도록 격려합니다. 사람들이 성령 안에 살고 공동체를 나누도록 돕는다면 어느 조직이든 유익합니다. 조직이 둘 중 어느 하나라도 변질된다면 합류하지 마십시오. 또 다른 사람들은 계속되는 대화 가운데 믿음의 여정을 공유할 친구나 이웃, 동료와 격식 없이 연결됩니다.

우리의 믿음은 매일 그분 안에 깨어나며 인도를 구하는 모험이어야 합니다. 그분께서 세상에서 누군가와 관계를 맺거나 무언가 하라고 당신의 심령을 건드리실 때, 그분을 따르십시오. 그런 일을 너무 영적인 현상처럼 만들지 마십시오. 당신의 심령에서 옳다고 느끼고 마음이 간다면 해보십시오. 그 일이 그분의 왕국에 열매를 맺는지 보십시오. 열매가 없다면 그분께서 당신 앞에 두시는 다른 무언가를 고려해 보십시오. 당신이 그런 이끌림을 따르면서 마주치는 사람을 자유로이 사랑하고, 더욱 가족적인 관계를 갈망하는 다른 이들을 향한 어떠한 인도라도 따라가다 보면 결국에는 아버지께서 당신을 어떻게 그분의 가족으로 엮으시는지 점점 명확해집니다.

그런 모험 가운데 바울서신은 더욱 강력해집니다. 당신은 경배가 단지 찬양을 부르는 것이 아니라 아버지의 실제 안에 사는 삶이라는 것을 이해하게 됩니다. 그분께서 우리를 통해 그분의 생명을 사시도록 내어드린다면, 우리 심령과 우리가 접하는 다른 사람의 삶 가운데 감사가 솟아오르게 됩니다. 우리는 가르침의 90%가 대화 속에 일어난다는 사실을 알게 됩니다. 그 가운데 누군가 질문하고 의견을 내면서 내적으로 불이 켜지고 예수님께로 다른 이를 이끌게 됩니다. 장로들은 경험 많은 성도로서 그 삶과 성품이 그들의 신학을 뒷받침하며, 다른 이들이 예수님의 생명과 자유 안에서 사는 법을 배우도록 돕기 위해 자신의 시간을 자유로이 내어줍니다.

그러므로 바울서신을 읽을 때 당신의 편견에 관해 점검하십시오. 그가 교회를 말할 때 서로 간에 관계가 매우 적은 수많은 기관들의 집합을 의미할까요? 아니면 예수님께서 사랑하신 대로 서로 사랑하기를 배우는 가족에 관해 이야기한 것일까요? 바울은 예수 그리스도의 교회를 가리켜 그분의 아들을 위해 준비 중인 신부라고 말했습니다. 멋지고 세련된 이름을 짓고, 사람들을 바르게 살도록 만들기 위해 의무적인 모임을 여는 기관을 가리켰다고 생각하려 들지 마십시오. 절대 바울은 그런 식으로 보지 않았습니다.

대신 그는 가까이 연결돼 다정한 우정으로 여정을 나누며, 예수님을 충실하게 따르는 형제자매로 이뤄진 생기 넘치는 공동체를 교회로 보았습니다.

Beyond Sundays

08

보호막이 필요하십니까?

아마도 영적 커버링spiritual covering보다도 더 어느 한 사람의 의지를 다른 이에게 복속시키기 위해 이용된 가르침은 없으리라 봅니다. 영적 권위라는 명목 아래 사람들은 종교 지도자에게 복종하도록 실질적으로 지시받습니다. 심지어 예수님 자체를 따르지 못하는 대가를 치르고서라도 말입니다.

그런 이야기가 미국에 있다는 사실을 알긴 하지만, 그에 관해 많이 듣진 못합니다. 그러나 최근 남아프리카 여행 중 그런 일이 자주 야기됐습니다. 영적 커버링이란 신자로서 속임수나 실수로부터 보호받기 위해 당신 위에 누군가 혹은 무언가 필요하다는 개념입니다. 일부 전통은 지역 교회나 목사가 당신의 영적 보호막이라고 가르칩니다. 그들의 가르침을 따르고 중요한 결정에 복종한다면 그들은 당신이 좁은 길에서 미끄러지지 않도록 지켜준다고 합니다. 다른 이들은 교파나 그 지도자 혹은 심지어 교황으로부터까지 보호를 받는다고도 주장합니다.

즉 하나님께서는 오직 위계적 리더십 조직을 통해서만 일하시고 그들을 따르지 않으면 예수님을 따르지 않는 것이라고 간주합니다. 만일 당신에게 영적 커버링이 있다면, 이는 하나님께서 당신을 보호하고 축복해 주시는 것입니다. 그렇지 않다면 당신은 반역 가운데 있고 대적이 당신을 속일 수 있을 뿐만 아니라 하나님께서도 당신을 돌보지 않으십니다.

이 잘못된 교리를 가르치는 이들은 영적 커버링을 통해 사람을 이용하고 맹목적 복종을 요구합니다. 이 교리를 믿는 사람은 특히 내적으로 성령님께서 그들을 조종하는 리더로부터 떠나라고 경고하실 때 두려움으로 마비됩니다. 하나님께서 그들의 지도자의 바람과는 대치되는 점을 드러내실 때 혼란스러워합니다. 그런 순간 그들은 자신이 잘못된 게 틀림없다고 믿기 십상이고 리더가 받았다고 여겨지는 기름부음과 교육과 카리스마를 따라갑니다. 무엇을 믿고 행해야 할지 말해주는 다른 누군가를 의존하는 약하고 혼란스러운 그리스도인이 많다는 사실은 그리 놀랍지 않습니다.

이 교리가 수 세기 동안 얼마나 많은 지지를 얻었는지가 놀랍습니다. 특히 성경적 근거가 전혀 없는데도 말입니다! 그 교리를 가르치는 사람이야말로 그들의 자아를 만족시키든지, 수입을 얻든지 바로 그 가르침의 수혜자라는 사실에 주목하십시오. 성경 그 어디에도 예수님께서 우리에게 주신 성령님을 따르는 편보다 인간 지도자를 따르는 편이 더 안전하다고 쓰여 있지 않습니다. 오히려 거기 반대하는 내용이 많이 나옵니다.

성경에서 커버링이 언급된 유일한 곳은 아담과 하와가 유혹에 넘어진 뒤 무화과나무 잎을 엮어 몸을 가렸을 때입니다. 그들의 수치가 서로에 대해 그리고 하나님으로부터 가리기 위해 덮을 것을 찾도록 만들었습니다. 그렇다면 죄에 대한 그들의 첫 반응이 왜 우리에게 안전의 모델이 돼야 합니까? 특히 그들이 하나님으로부터 숨으려 했는데도 말입니다. 그리고 그것이 바로 영적 커버링이라는 신학 아래 일어나는 일입니다. 이 교리는 당신과 하나님 사이에 누군가 또는 무언가를 두어 그분으로부터 당신을 막으려 하며, 당신의 충성을 온전하지 않은 다른 인간에게 바치도록 합니다. 우리가 각자 보호의 영역으로 나뉘면서 그리스도의 몸 또한 조각나버리는 것은 놀랄 일이 아닙니다.

내가 듣기로 성경에서 이 영적 커버링을 옹호하기 위해 인용된 다른 구절은 히브리서 13:17 뿐입니다. "너희를 다스리는 자들에게 순종하고 복종하라. 그들은 마치 자기가 회계 보고할 자인 것 같이 너희 혼을 위해 깨어 있나니." 이 절의 첫 부분은 교회의 권위를 과도하게 포장하기 위해 의도적으로 해석됐습니다. 초기의 신자는 기관적 구조도, 무조건적으로 복종해야 하는 관리자도 없었습니다. 그들은 더욱 성숙한 신자와 관계 맺었으며, 이 절은 그들이 하나님을 따르는 길을 스스로 배울 때 성숙한 신자들의 지혜를 따라가도록 격려하는 의미입니다. 리더들은 무엇을 할지 지시하지는 않았지만, 사람들에게 하나님과 관계를 맺고 그분을 따르도록 가르쳤습니다.

이 절의 두 번째 부분은 신자들이 인간적 리더에 대해 책임이 있다고 가르치는데 자주 곡해됩니다. 이 절의 명확한 뜻은 리더들이야말로 하나님의 사람들에게 무엇을 가르치고 어떻게 대하는지에 대해 책임이 있다는 의미인데도 말입니다. 예수님께서는 그분의 왕국을 지도하는 사람들이 예수님과 그분의 백성 사이에 끼어드는 것을 절대 의도하지 않으셨습니다. 새로운 언약의 영광은 "가장 작은 자에서부터 가장 큰 자에 이르기까지 모든 이가 그분을 아는 것"이며 그분께서 그들의 생각과 마음속에 그분의 법을 기록하므로 그분을 따를 수 있게 됩니다(히 8장). 진정한 리더는 사람들이 예수님을 알고 따르도록 구비시키지, 대신 자기를 따르게 하지 않습니다.

『교회를 찾아서 Finding Church』라는 책에서 나는 1세기 교회의 장로와 2세대가 된 장로들 사이에 크나큰 차이를 도출해 낸

호주의 한 친구에 관해 썼습니다. 사도 요한의 제자인 이냐시오가 그런 왜곡을 만들어내는데 기여했습니다. 이냐시오 이전에는 장로들을 선물, 즉 "너희 안에 계신 그리스도 곧 영광의 소망"을 수호하는 자로 여겼습니다. 모든 신자가 그리스도께서 거하시는 성전이었으며 장로는 누구라도 그분을 따르는 사람들을 자기 비전이나 욕망에 예속시키지 못하도록 그 선물을 지켰습니다. 그러나 초기 신자들이 권위에 대한 위계 체계를 세우면서 이냐시오는 올바른 믿음과 관례를 위한 수호자로서 리더를 향한 충성을 요구했습니다. 따라서 단 한 세대 만에 리더십이 내주하시는 성령님을 따르도록 다른 이들을 구비시키는 사람들에서, 외부의 규칙과 교리에 그들을 복속시키는 사람들로 변했습니다. 그들은 사람들의 영적인 여정을 섬기는 대신에, 자기들이 생각하기에 최상의 일을 행하도록 강제하는 경찰관이 돼버렸습니다.

  이 신학적 교리는 바울이 우리에게 거부하도록 경고한 "귀신의 가르침" 중 하나라 해도 과언이 아닐 것입니다. 사탄의 속임수로부터 사람들을 보호한다는 명목 아래 그들은 자기 의지나 지혜 가운데 사람들을 가두었습니다. 사람들은 다른 개인의 "기름부음"이나 학문적 훈련을 신뢰하도록 가르침 받았습니다. 그러나 그런 식으로 되지 않습니다. 나는 성적 추문에 연루되거나 사역 자금을 오용한 목사나 지도자 중에 어떤 지정된 보호막 아래에 있지 않았던 사람을 만나 본 적이 없습니다.

에덴동산에서 루시퍼의 목표는 최초의 인간을 하나님으로부터 분리시키는 일이 아니었습니까? 그분의 길 대신 자신의 방식을 신뢰하고 자신의 수치를 가리도록 만들었습니다. 이것은 이스라엘이 하나님의 임재로부터 달아날 때도 나타난 현상이 아닙니까? 모세에게 그들을 위해 하나님의 음성을 들어달라고 사정하며, 대신 그에게 복종하겠다고 약속하면서 말입니다. 그리고 사무엘도 이스라엘이 왕을 바라자 이는 하나님을 버리는 것이며 상상할 수 없는 방식으로 역효과를 가져온다고 경고하지 않았습니까?

우리는 하나님께서 우리를 개인적으로 인도하실 수 없다는 잘못된 두려움으로 인해 오랜 역사 동안 하나님과 우리 사이에 누군가 혹은 무언가 두기를 원해왔습니다. 그리고 그러한 선택은 항상 인간 지도자에게 권력과 통제권을 넘기는 위험으로 점철되지 않았습니까? 그들이 임명한 지도자들은 결국엔 인간에게 해가 되도록, 하나님보다 자기 이익을 도모하는 쪽으로 귀결되고 맙니다. 이는 무엇이 참인지에 대한 우리의 대답을 대개 누군가에게 떠넘기면서 책임을 미루는 일입니다. 나의 사랑하는 지인들 가운데 일부는 그들의 의제agenda와 하나님의 의제를 너무나도 쉽게 혼동하는데, 무엇보다도 그들의 생계가 달려있을 때 더욱 그렇습니다.

예수님의 성육신은 우리를 각자 그분과의 내적 관계로 초청해 그분이 우리의 목자가 되도록 하셨습니다. 예수님께서는 그분의 양이 그분의 음성을 안다고 말씀하셨으며, 그들이 절대로 다시는 두려워할 필요가 없도록 그분께서 안전한 초장으로 인도하겠다고 하셨습니다. 예수님의 사역은 우리로 종교 지도자가 아닌 그분을 신뢰할 수 있게 합니다. 그분께서 십자가 위에서 죄와 수치를 정복하셨기에 우리 각자가 그분을 알 수 있는 기회를 얻게 되었습니다. 우리는 그분이 어떤 분인지 우리에게 말해 줄 다른 누군가가 필요하지 않습니다. 하나님을 향한 완전하고도 자유로운 접근권이 우리에게 주어졌기 때문에 어떠한 영적 커버링도 필요치 않습니다.

만일 예수님께서 그분의 시대에 영적 권위자들에게 복종하셨더라면 어떤 일이 일어났을지 상상할 수 있겠습니까? 바리새인들이 그분을 침묵시키고 그분이 오셔서 구하려 했던 사람들로부터 떼어놓았을 것입니다. 불행히도 그 시대 종교 지도자들은 하나님과 그분의 성품과의 접촉을 가장 많이 잃어버린 사람이었습니다.

그래서 예수님께서는 우리를 안내할 책이나, 보호해줄 종교

조직, 다스릴 영적 리더를 보내겠다고 말씀하시지 않았습니다. 그분은 우리를 "모든 진리 가운데로 인도할" 그분의 성령을 남겨주시겠다고 말씀하셨습니다. 신약 공동체의 실재는 하나님께서 우리 모두 안에서 성령으로 사셔서 모든 마음과 생각에 다가와 그분을 아는 사람들이 그 음성을 인식하고 그분을 따르도록 하는 삶입니다.

비록 바울이 디모데에게 에베소에서 사람들을 건전한 교리로 격려할 장로들을 세우라고 말했지만, 그 장로들이 예수님을 대체하거나 그분과 그들의 관계를 침해하라고 하지는 않았습니다.

그들이 그렇게 했을 때, 요한은 수년 뒤 에베소에 편지를 써 장로들이 그리스도를 향한 복종보다도 자신들에게 충성을 요구하며 문제시된 사실을 알렸습니다. 요한은 그들 각 사람이 참과 거짓을 분별할 수 있도록, 거룩하신 한 분으로부터 기름부음 받았다는 진리를 상기시켜야 했습니다.

그러므로 당신은 영적 보호막이 필요치 않습니다. 그 보호막이 당신의 보호와 인도자가 되시는 당신 안에 계신 성령님을 신뢰하지 못하도록 만든다면 정반대의 영향을 끼치게 됩니다. 그렇다면 당신이 혼자이고 신학적인 지식이 부족하다면 위험하다는 뜻입니까? 만약 성령님이 당신 안에 거한다면 어떻게 그럴 수 있습니까? 그분께서는 당신을 속이려는 어떠한 거짓에 대해서도 아버지의 팔 안에 안전하게 지켜주실 수 있습니다. 그 속임수가 악한 자로부터 오든지 아니면 종교적 리더의 좋은 의도로부터 오든지 말입니다.

어떤 교사가 온갖 성경적인 증거를 대고 말하는 것을 들으면서도, 속으로는 뭔지 몰라도 잘못된 것 같아 자문하며 우려했던 적이 없었습니까? 아마도 영적 커버링에 관한 가르침처럼 말입니다. 그런 일이 바로 성령님께서 당신에게 무엇이 옳은지 그른지 분별하도록 도우신 때입니다. 종교 지도자들이 당신 안에 성령의 나침반 대신 그들을 믿으라고 가르칠 때면, 당신은 예수님께서 어떻게 인도하기 원하시는지 매우 혼란스러워집니다. 당신의 충성은 그분을 대변한다고 주장하는 사람이나 기관이 아닌, 오직 그분께만 속합니다.

그러면 모두가 스스로 보기에 옳게 행한다면 혼돈과 실수로 오도하지 않게 될까요? 사람들이 예수님 대신 자신을 따르는 한 그런 일은 여전히 일어날 것입니다. 우리 모두는 성령에 이끌린다고 주장하면서도 무섭도록 자기중심적이며 그분의 이름으로 파괴적인 일을 하는 사람들을 잘 알고 있습니다. 더욱 성숙한 형제자매가 명령하는 권위로 그런 일을 다스린다면 도움이 된다고 생각할지도 모릅니다. 그러나 성경은 그런 여지를 두지 않으며, 역사적으로도 사람들의 시선을 예수님에게서 떼게 만드는 부패하지 않은 권위가 없습니다.

    예수님께서는 그분의 제자들에게 주변의 세상 조직에서 나타나는 바와 같이, 다른 이들을 다스리지 말라고 경고하셨습니다(막 10:42-45). 그분께 속한 지도자는 종이 되어야지, 명령자가 되어서는 안 됩니다. 그들은 사람들이 예수님을 알게 되도록 돕고 그분을 어떻게 따르는지 가르쳐 줍니다. 인간이 권위를 자신에게로 끌어모을 때마다, 결국엔 거의 항상 자신을 섬기는 데 권력을 이용하는 식으로 끝마친다는 사실을 역사는 가르칩니다. 그들은 섬기도록 부르심 받은 사람보다도 자신을 고용한 기관에 유리하도록 결정 내리기 마련입니다.

    그렇다면 우리는 어떻게 영적 권위에 반응할까요? 기관적 권위와 영적인 권위를 분리시키면 도움이 됩니다. 그 둘은 같지 않습니다. 당신이 기관적 체계에 속했다면 질서를 유지하기 위해 기관의 방식을 따르십시오. 그렇게 하지 않으면 당신은 분열과 혼란의 파괴적 원천이 될 뿐입니다. 당신이 더 이상 따를 수 없거나 그런 일이 하나님과 함께하는 당신의 삶을 약화시킨다고 느낀다면, 그곳을 떠나서 하나님께서 당신을 위해 다른 무엇을 예비하셨는지 알아볼 필요가 있습니다. 단지 누군가 체제에서 권위를 가졌다고 해서 그 권위가 곧 하나님께로부터 왔다는 뜻은 아닙니다.

하나님의 권위는 불멸의 생명을 통해서 나오며, 그 온전함과 진정성은 삶에서 드러납니다. 그런 사람들은 어떠한 역할도 하지 않습니다. 다만, 하나님의 사랑을 점점 더 신뢰하는 가운데 사는 법을 배웠기 때문에 다른 사람들도 동일하게 해나가도록 격려할 수가 있습니다. 권위란 소명, 학문적 훈련, 또는 조직도에서의 위치로부터 나오지 않습니다. 단지 통찰이나 지혜뿐만 아니라, 사람을 대하는 동정심과 부드러움 때문에 존경이 가는 사람들이 있습니다. 그들은 자신의 왕국을 세우기 위해 사람들을 모으지 않습니다. 그보다 다른 사람들이 더욱 큰 자유와 기쁨으로 그리스도를 따를 수 있도록 세워줍니다.

당신이 누군가 하나님의 선하심 안에 안식하는 사람 가까이에 있게 되면 그들의 통찰이 당신에게 도전해올 수도 있습니다. 하지만 당신이 분투나 실패나 의문 가운데 있을 때 그들이 당신 곁에 가장 안전한 사람들이라는 사실을 알게 됩니다. 그들의 말에 비중을 두되 그들에게 점점 더 의존하고 싶어지는 욕구에는 저항하십시오. 그보다는 당신 안에 계신 하나님의 영으로부터 듣는 법을 배우도록 도움 받으십시오.

그 어떤 사람도 당신과 하나님 사이에 보호막이 될 수는 없습니다. 그 누구라도 하나님을 대신해 당신에게 무엇을 할지 지시하려 든다면, 그렇게 함으로써 그들이 하나님의 권위 안에 행하지 않는다는 사실을 증명하는 것입니다. 진정한 리더는 사랑 안에서 보이는 진리를 말하며 당신이 무엇이 진리인지 확신할 수 있도록 성령님과 당신의 양심에 의탁합니다. 그들은 사람을 이용하거나 충성을 요구하지 않습니다. 당신의 심령 가운데 예수님께서 점점 커지는 가운데 그들은 다만 당신을 섬길 뿐입니다.

이 글을 읽고 누군가는 인간적 보호막이 없이 예수님을 따르면 교만해지고 독자적으로 될까봐 두려워하겠지요. 그러나 그렇지 않다는 사실을 나는 발견했습니다. 이는 가족에 관한 이야기이지, 무질서를 뜻하진 않습니다. 그들은 자기 선호나 최고의 지혜와는 별개로 존재하는 진리를 깨닫습니다. 예수님을 따르는 사람은 누구나 그들 안에서 그분이 자신을 알려주시는 가운데 불확실한 공간을 탐색하고 있다는 사실을 알아차리게 됩니다. 바울이 말했듯 우리 모두는 그분의 길에서 분별을 구할 때 희미한 거울을 통해서 봅니다.

그래서 어쩌면 우리는 다 안다고 주장하는 어떤 사람이나, 우리를 보호할 교리 체계가 주는 거짓 확신으로부터 안심을 구하는지도 모릅니다. 그러나 그것들은 환상일 뿐입니다. 그 누구도 하나님으로부터 완벽하게 듣거나, 성경을 완전히 정확하게 해석하거나, 혹은 당신의 심정을 하나님과 같이 알지는 못합니다. 그렇기 때문에 나는 확신을 주장하며 그들의 말이 하나님으로부터 직접 온 선포인 양 말하는 사람들을 향해 항상 미심쩍습니다.

그럼 영적 커버링이 없다면 우리 안전망은 어디 있습니까? 그것을 왜 찾습니까? 물론 안전망은 그분 안에 있습니다! 아버지 되신 하나님께서 당신을 보살피십니다. 예수님께서 당신과 동행하십니다. 그리고 성령님께서 당신 안에 거하십니다. 다른 어떤 영적 보호막을 갖는 것은 그분께서 당신을 보살피실 수 있는 능력에 대한 불신의 행위입니다. 당신이 그분의 길을 따르기 원하고 있다면 그분께서 진리에 관해 우리 심령을 울리게 하시겠고, 거짓에는 불안하게 만드십니다. 때에 맞춰 환경이나 그분의 내적 충만함이 있는지 여부가 우리가 그분께 듣고 있는지, 아니면 자기 갈망을 하나님의 말씀으로 가장하는지 알도록 도와줍니다. 만일 우리에게 이 일이 분명하게 다가오지 않더라도, 우리 주변 사람들에게는 뚜렷하게 보이게 됩니다.

그러므로 그분으로부터 경청을 배우면 겸손한 영과 열린 마음이 길러집니다. 그리스도 안에서 자라나는 사람은 독자적이거나 무정부주의가 되지 않습니다. 예수님을 따르는 것을 배우는 삶은 그분의 갈망과 그분께서 일하시는 방식을 우리의 것들과 분리시키는 평생의 여정입니다. 그렇게 하면서 우리는 무엇이 진리이고 무엇이 거짓인지 그 차이를 더욱 명확히 볼 수 있게 되는 자신을 발견하게 됩니다.

성령이 당신에게 드러나실 때 성경 말씀과 일치하는지 항상 찾아보십시오. 당신 자신의 갈망과 기분에 완벽하게 들어맞는 이끌림은 항상 가장 의심스럽게 대하십시오. 하나님의 길은 우리의 길보다 더욱 높아서, 그분의 통찰은 우리가 기존에 선호하던 생각에 도전해오며 그분의 실제로 우리를 더 깊숙이 이끄십니다. 진리는 언제나 우리에게 도전해 옵니다. 우리가 그 도전에 굴복해 마침내 진리가 우리를 자유케 할 때까지 말입니다.

누구라도 이 여정을 다른 이의 지혜나 조언 없이 홀로 걸으려 하는 자는 어리석습니다. 당신과 나눌 수 있는 다른 형제자매를 찾아 그들의 생각과 통찰을 통해 성령님께서 당신을 어떻게 이끄시는지, 아니면 단지 당신의 착각일 뿐인지 분별할 수 있도록 도움 받으십시오. 당신의 친구들이 항상 맞을 순 없겠지만, 그들은 당신이 맹점을 찾을 수 있도록 도와줄 수 있습니다. 그들이 당신에게 어려운 순종으로부터 벗어나도록 말하려들 때 가장 경계하십시오. 그리고 우리 육신이 성령으로 가장하여 어떻게 자만과 부정직이 끼어드는지 보도록 그들이 도와줄 때는 마음을 가장 넓게 여십시오.

그리고 신학이나 진로 같은 무거운 주제에 관해서는 당신보다

조금 더 길을 따라 나아간 다른 이를 찾아보십시오. 우리가 하나님을 더욱 잘 알고 그분의 길을 배울 수 있도록 돕는 선물로서 장로, 교사, 선지자, 사도가 있습니다. 다만 알아 두십시오. 진짜인 사람은 명함에 직책을 갖지 않으며 자기 이름으로 기관을 구축하지도 않습니다. 하나님께서 나의 생각을 바꿔주셨던 거의 모든 단계에서 그분은 나의 곁에 연륜 있는 어떤 형제자매를 두시고 내 안에 그분의 일을 격려하며 곁길로 샜을 때는 경고를 주었습니다. 지혜롭고 부드럽게 정직하면서 당신의 반응을 통제할 필요도 없는 사람들은 커다란 선물입니다. 다른 이들과 함께 걸을 만큼 용기 있고 그들을 통제하지 않으면서도 성장하도록 격려하는 이런 진실한 신앙의 선배들이 그리스도의 몸 전반에 더욱 많이 필요합니다.

우리에게는 또한 이전에 살았던 형제자매들이 남겨 놓아 오랜 시간을 거쳐 검증이 된 글을 통해서 함께 생각해 볼 기회도 있습니다. 그들의 생각과 소통하면서 당신의 여정에 어떻게 적용할 수 있을지 알아보십시오. 특히 어둡고 갈급한 시기를 견디고 믿음 가운데 승리한 사람들에 관해서 말입니다.

요즘 같이 기관이 해체되는 시대에 예수님은 교회를 다시금 그분께로 부르고 계십니다. 당신이 어떤 종류의 인위적인 보호막 아래로 몸을 움츠리는 한, 당신은 그들에게 경의를 표하면서 그분은 무시하는 처사가 됩니다. 그분은 당신을 위해 그분과 깊숙이 연결될 수 있는 길을 이미 만들어 놓으셨으며, 인간적으로 고안할 수 있는 그 어떠한 보호막보다 더욱 확실합니다. 그분께 당신의 신뢰를 두고 그분이 보이는 만큼 매일 그분을 따라가십시오.

어떤 영적 보호막 아래 있냐고 묻는다면, 예수님이 필요한 유일한 보호막이라고 대답하겠다고 말한 어떤 사람에 대해 들었습니다. 무슨 의미인지는 알겠습니다만, 아마도 이렇게 말하는 편이 더 낫겠지요. 예수님은 그 어떠한 보호막도 필요치 않게 하기 위해 오셨습니다. 이제 수건을 벗은 얼굴로 우리는 그분을 바라볼 수 있으며, 그렇게 할 때 그분에 의해 변화 받습니다.

다른 누구라도 이 길을 막아설 정당성은 없습니다.

Beyond Sundays

09

당신이 체념자라면 도움 될 일곱 가지 수칙

기존 교회 밖에 있는 이를 위한 성장 가이드

사람들이 무리 지어 지역 교회를 떠나고 있습니다. 어떤 이들은 하나님께서 과연 계시는지 의심하며 떠나가지만, 다른 많은 이들은 그들이 속한 교회가 심령에서 자라나는 영적 열정과 단지 맞지 않았을 뿐이라고 확신하며 계속해서 예수님을 열정적으로 따릅니다. 무엇 때문인지 딱히 이해하지 못했을 수도 있지만, 내적으로 무언가 예수님과의 더욱 진정한 관계로 그들을 계속 이끌었습니다. 그분의 생명과 사랑을 다른 이들과 나눌 수 있는 더 자유로운 환경을 향해서 말입니다.

기존 교회를 포기한 많은 사람은 한때 리더나 봉사자 그리고 주요 후원자였습니다. 그들은 자신의 여정을 격려해 주지도,

추구했던 공동체를 일궈내지도 못한 프로그램과 기대에 점점 지쳐갔습니다. 이별은 결코 쉽지 않았으며, 대부분 할 수 있는 모든 방도를 다 해보고 나서야 떠났습니다.

이전 회중 모델에서 벗어나게 되면 한동안 믿을 수 없을 정도로 혼란스러울 수 있습니다. 가족과 예전 친구들은 당신의 신앙을 의심하고 이기적이라거나 쓴 뿌리가 있다는 둥 비난하면서 정죄감을 느끼도록 만듭니다. 당신의 영적 건강을 가늠하기 위해 사용했던 모든 채점표는 더이상 맞지가 않습니다. 일부는 자신이 정상인지 자문하고, 그나마 남은 친구들로부터도 점차 고립되면 더욱 심각해집니다.

당신도 비슷한 이유로 교회를 떠났다면, 지금 무엇을 하고 있습니까? 이러한 과도기를 거친 이들을 지켜보면, 자신이 놓인 현실을 차츰 받아들이는 사람들이 가장 자유로이 길을 찾습니다. 이러한 현실은 지역 교회 밖에서도 살아남을 수 있도록 해줄 뿐만 아니라, 실질적으로 왕성하게 그분을 따르는 길을 배우고, 다른 이들과 동료애를 나누며, 세상에서 하나님의 목적에 동참하는데 도움이 됩니다.

첫째, 당신의 시간을 가지십시오.

당신은 놀라운 여정으로 초대받았으며 그 길을 찾아가는 데 수년이 걸리게 됩니다. 많은 사람은 공백을 메우기 위해 다른 교회로 급히 합류하거나 스스로 가정 모임을 시작하지만, 결국엔 그들이 떠난 곳을 다시 만들어내는 식으로 끝마치고 맙니다. 곧바로 또 다른 그룹을 찾거나 새로운 모임을 만들고 싶은 욕구에 저항하십시오. 이 시기는 하나님께 더 가까이 이끌려 그분께서 빈자리를 채워주시도록 내어드릴 때입니다. 당장의 필요에 반응하기보다 하나님께서 주시기 원하시는 공동체의 선물을 받아들일 수 있도록 자유롭게 찾아 나설 때 더욱 연결되는 시기가 앞당겨질 것입니다.

둘째, 당신의 여정을 다른 이에게 강요하지 마십시오.

사람들에게 "나는 교회를 떠났습니다."라고 말하거나, 계속 다니는 사람을 향해 영적으로 부족하다고 판단할 필요는 없습니다. 이 일은 다른 사람을 판단하거나, 아직 다 정리되지 않은 앞날에 관해 이상한 결론을 내릴 문제가 아닙니다. 단지 예수님을 따르십시오. 어쨌든 그분께서는 당신을 인도하십니다. 왜 예전처럼 행하지 않는지 질문하는 사람에겐 온유하고 정직하십시오.

기억하십시오. 이곳에서 변한 사람은 바로 당신입니다. 그들은 당신이 이제껏 해온 대로 하고 있을 뿐이고, 많은 사람들이 그럴 의무가 있다고 확신합니다. 당신이 일으키는 변화로 인해 그들은 위협을 느낄 테지만 그들이 자신의 여정을 가도록 해 주면 누그러질 것입니다. 그들을 바꾸거나 고치려 들지 마십시오. 그들이 영적 열정을 약화시키는 곳에 있다고 해도 성령님께서 그들 안에 동일한 갈망으로 일깨우실 때까지는 당신이 그들을 설득할 수 없습니다.

셋째, 다른 사람에게 입증받고자 하는 욕구를 내려놓으십시오.

종교는 기대치를 설정해 놓고 그것을 따르는 이는 보상하고, 따르지 않는 이는 보통 다른 사람의 생각에 따라서 책망하는 식으로 돌아갑니다. 다른 사람이 당신의 결정에 관해 질문할 때 당신은 자연스레 방어적으로 되어 얼마나 자신이 옳은지 납득시키려 애쓰게 됩니다. 그러나 그럴수록 그들을 완고하게 만들고 우정만 파괴할 따름입니다. 그런 악순환을 깨도록 예수님께 내어 드리면, 당신만을 향한 그분의 사랑 안에서 정체성을 찾는 가운데 이 여정의 가장 큰 자유를 발견하게 됩니다. 당신은 서서히 당신에 관한 하나님의 생각을 알게 되며, 그 여정은 다른 사람의 생각보다도 훨씬 더 중요합니다.

당신에게 필요한 대화뿐 아니라, 당신이 자기 갈망이 아닌 그분을 따르고 있다는 사실을 확인해 줄 읽을거리조차도 가져다주실 하나님을 신뢰하십시오. 모든 일에 감사하십시오. 그리고 당신의 삶과 경험에 관해 그분께서 주시는 확신을 필요한 모든 검증으로 삼으십시오. 그러면 당신은 다른 사람들의 평가라는 폭군으로부터 자유하게 됩니다.

넷째, 사랑의 흐름과 아름다움을 배우십시오.

다른 사람이 요구하는 의례와 규정에 따르는 일은 여전히 율법을 따르는 것입니다. 설령 그런 일을 '신약의 원칙'이라 부른대도 말입니다. 하나님께서는 의무나 다른 이의 기대를 충족시킴으로써 우리를 변화시키지 않으십니다. 우리 중 많은 사람이 종교적 환경에 좌절하게 된 이유는 그들이 이룰 수 없는 약속을 했기 때문입니다. 우리는 더 노력할수록 더욱 공허하게 느꼈습니다. 하나님께서는 새로운 창조 가운데 살도록 당신을 초청해 오셨습니다. 그곳에서는 그분의 사랑이 영혼의 가장 깊은 곳으로부터 우리를 변화시킵니다.

당신은 이 시기 동안 의무의 조종, 책무, 정죄감, 두려움을 간파하는 법을 배우게 됩니다. 그리고 더욱 안식하면서 다른 사람을 인식하고 이 시대의 부패한 영향으로부터 자유롭게 살게 해줄 다른 흐름을 통해 보는 법을 익히게 됩니다. 다른 사람들이 생각하는 대로 행하는 대신, 더 자유롭게 당신 안에 그분의 역사를 인식하고 은혜, 용서, 자유, 관대함이라는 그분의 실재를 받아들이게 됩니다.

이 모든 일은 당신이 하나님으로부터 얼마나 깊이 사랑받는지 보여 주시기를 그분께 구하면서 시작됩니다. 그런 다음 그분께서 당신에게 보여 주시도록 내어드리십시오. 이 일은 더욱 큰 자유와 충만을 향해 당신을 인도할 여정의 출발점입니다.

다섯째, 그분 안에서 자라나는 당신의 신뢰를 지켜보십시오.

얼마나 많은 이들이 두려움 때문에 종교생활을 하는지 발견할 때면 놀랍습니다. 하나님께서 벌하실까봐, 잘못될까봐, 다른 사람이 어떻게 생각할까봐, 뒤쳐질까봐, 또는 실패할까봐서 등등. 당신이 설사 분투나 의심 가운데 있을지라도, 당신 안에 그분의 사랑과 기쁨을 더욱 접할수록 그분의 선하심을 향한 신뢰가 자라나는 것을 발견하게 됩니다. 당신은 그분께서 당신을 위하시지, 대적하지 않으신다는 진리를 깨닫게 됩니다. 그리고 자기 노력으로는 절대로 당신 안에 그분의 생명을 지어낼 수 없다는 사실도 알게 됩니다. 이제 당신은 내주하시며 역사하시는 그분과 협력하는 즐거움을 발견하게 됩니다. 그리고 더욱 깊은 안식 가운데 그분께서 주시는 사인과 통찰을 점차 의식하게 됩니다. 반면, 파괴적이거나 해로운 행동에는 덜 이끌리게 됩니다. 이것이 바로 바울이 말한 믿음으로부터 오는 의입니다. 그분을 신뢰하면 스스로를 구원하거나 우리 방식대로 밀고 나가려 애쓰지 않게 됩니다. 이제 우리는 삶이 무엇을 가져오든지 그분 안에서 만족하는 법을 알 수 있습니다. 왜냐하면 우리가 그 일을 통과할 때도 그분께서 함께 걷고 계시기 때문입니다.

여섯째, 다른 사람들과 우정을 기르십시오.

당신 안에서 일하시는 하나님의 사랑이 당신을 자유케 하실 것입니다. 하나님께서 당신 앞에 두시는 각 사람을 사랑하도록 말입니다. 그들이 하나님을 알든지 모르든지 관심을 가지십시오. 그리고 그들이 걱정이나 어려움 또는 기쁨을 나누며 차츰 마음을 열 때 살펴보십시오. 하나님께서 주시는 통찰에 따라 그들을 격려할 방법을 찾으십시오. 직장이나 학교 또는 이웃에서 알게 된 사람들을 더욱 알아 가십시오. 당신의 주소록에 있는 사람들과 만나서 점심을 함께 하십시오. 그 관계가 편안해지고 믿을만하며 상호적이 되면 우정을 키울 시간을 내어 그분의 공동체가 당신 주변으로 형성될 수 있게 하십시오.

일곱째, 하나님께서 그분의 교회에 관한 당신의 시야를 넓히시도록 내어드리십시오.

대부분의 사람들은 교회에 관해 정해진 시간과 장소에 모이는 특정한 그룹이나 모임이라고 생각합니다. 그러니까 당신이 거기 나타나지 않으면 그분의 교회에 일원이 아닙니다. 다른 사람들이 빠져나가면 그들은 가책과 고립을 느끼게 되기 마련입니다. 마치 유독 당신만 그 종교 기관에서 싫증 난 사람인 양 느끼기 쉽지만 그렇지 않습니다. 최근 연구에 따르면 당신은 미국에서 지역 교회에 속하지 않아도 여전히 활동적으로 그리스도를 찾는 약 3100만 명 중 하나입니다. 이는 교회에 속한 사람들과 거의 같은 수입니다. 그 뜻은 성인 일곱 명 중 한 명은 당신과 비슷한 여정 가운데 있다는 것이며, 여전히 교회에 출석해도 몸만 가 있어 거의 체념한 사람이 700만 명 있습니다.

이는 교회가 실패하고 있다는 의미입니까? 우리가 교회를 관리하려는 인간적 시도로만 본다면 실패한 듯합니다. 당신은 예수님의 교회가 절대 기관이 되도록 의도되지 않았다는 사실을 발견하게 됩니다. 그분의 교회는 그분과 동행하고 그분의 생명과 사랑을 다른 사람과 나누도록 배우면서 자라나는 가족입니다. 진정한 공동체는 모임이 아닌 우정으로부터 흘러나옵니다. 그래서 예수님께서도 비격식적인 환경에서 사람들과 그분의 삶을 나누는데 시간을 들이셨습니다. 그분의 교회를 인간의 통제영역 바깥의 실재로서 보게 되면, 당신 주변의 관계와 연결 속에서 어떻게 교회가 형성되든지 그 실재를 받아들일 수 있습니다.

  그분의 자유와 기쁨 속에 사는 법을 배우는 일은 삶에서 상당 기간이 걸리는 과정의 열매입니다. 그렇지만 서두르진 마십시오. 그분을 받아들이며 그 과정에서 안식을 배우십시오. 그러면 당신은 심령이 구해 왔던 무엇인가를 더욱 발견하게 됩니다. 당신은 의미 깊은 대화 가운데 자신을 발견하면서 믿음이 더 깊어지고, 다른 사람들도 마찬가지로 그들의 믿음 안에 더욱 실제를 발견하도록 격려를 나누게 됩니다.

  나는 종교적 기관에 체념한 사람들이 떨어져 나가서 자기 기관을 다시 만들기보다는 세상 가운데 다르게 사는 법을 배웠으면 합니다. 그때야 비로소 예수님께서 지으시는 교회가 바로 그들 주변에서 나타나는 모습을 볼 수 있게 됩니다.

Beyond Sundays

10

우리를 나누는 라벨들

2012년 '해당없음의 증가'라는 제목의 기사가 하나 나왔습니다. 거기서 퓨 리서치의 조사에 따르면 미국인 가운데 선호 종교에 관해 물었을 때, 수 세기 동안 동일시해온 역사적 믿음 대신 이제는 점점 더 많은 계층이 '해당없음'이라고 답했다는 결과가 나왔습니다.

그렇다면 아마도 당시에 '해당없음'이라는 응답이 늘어나면서 '체념자'의 증가를 가져왔을 법도 합니다. 그 시기 동안 전통적인 제도권 "교회" 밖에서도 점점 더 많은 사람들이 예수님과의 관계 가운데 계속해서 성장해나가며 다른 이들과도 의미 깊은 방식으로 연계하고 있다는 사실이 밝혀졌기 때문입니다. 체념자란 그들에게 가장 최근에 붙여진 라벨입니다. 그들은 혁명자, 틀에서 벗어난, 방목식 그리스도인, 또는 탈교인 등으로 불려 왔습니다. 그런 라벨은 미디어에서 특정 그룹의 트렌드를 이야기할 때나 혹은 그런 트렌드 속에서 상품을 팔 때나 필요하지, 세상 가운데 예수님께서 하시는 일에는 정말로 도움이 안 됩니다.

타락한 본성은 끊임없이 어떠한 집단 속에서 정체성과 안전성을 찾는데, 라벨은 나의 그룹과 그들의 그룹을 계속 분리시키기 위해 중요합니다. 그것은 스포츠팀, 갱, 심지어 종교모임에까지 작용합니다. 라벨은 인간을 너무나도 쉽게 적으로 갈라놓습니다. 특히 우리 모임은 단지 다른 모임과 다를 뿐만 아니라 하나님과 더욱 가깝다고 결론짓는 종교적 사람들에게 더욱 그렇습니다.

그러므로 라벨은 어느 집단이 쓰느냐에 따라 자신들을 높이기도, 상대편을 폄하하기도 한다는 사실은 놀랄 일이 아닙니다. 안타깝게도 체념자에 관한 대부분의 이야기는 외부자를 향해 내부자끼리, 또는 내부자를 향해 외부자끼리만 오갈 뿐입니다. 내부자에게는 "탈교인"이나 "교회 난민"이라는 말이 정당해 보이겠지만, 실은 오로지 종교 기관만이 세상에서 유일하게 예수님의 교회를 나타낸다는 신화를 영구화하는 셈입니다. 이는 사실이 아닌 만큼 불행한 일입니다. '교회'라는 말을 오직 종교 기관을 향해 쓰는 것은 단지 가벼운 실수가 아닙니다. 대부분의 종교 지도자들 역시 사람들이 떠나갈 생각을 하지 못하도록 그렇게 믿기를 바랍니다. 심지어 소위 체념자라고 불리는 사람들마저도 자신이 '교회를 떠났다'고 많이들 말할 정도입니다.

마찬가지로 외부자들 역시 이 타이틀로 그들이 전통적인 환경에 있는 상대편보다도 더 자유롭고, 은혜에 바탕을 두었으며, 더욱 강력하다고 주장하기 원합니다. 조지 바나George Barna가 2006년 『레볼루션 교회혁명Revolution』이라는 책을 출판하고 난 뒤에, 기성 교회 밖에 있던 사람들은 자기들이 영적으로 더욱 헌신적이라는 증거라면서 빠르게 편승해 가족 전체를 향한 대화의 장을 열기보다는 분열만 키웠습니다. '체념자'라는 말 역시 어떤 사람은 더욱 깊은 영성을 표하는 기념 배지처럼 달 수도 있지만, 다른 이들은 그 말로 신앙의 신실성을 의심하기도 합니다.

당신이 어떤 타이틀을 갖든지 목사나 베스트셀러 작가이든 혹은 체념자이든지, 타이틀은 예수님께서 이뤄가시는 놀라운 가족을 인식하는 데 도움이 되기보다는 당신을 다른 사람들로부터 분리하는 데 더욱 기여합니다. 라벨을 내세우는 일은 아버지께서 우리를 하나 되게 하실 거라고 말씀하신 그분의 기도와 배치되는 처사입니다. 새로운 피조물이라는 공동체는 위계 구조나 우리 그룹이 다른 이들보다 뛰어나다는 자기애적 관념들로부터 우리 인간을 공평하게 만듭니다. 우리는 모두 은혜로우신 아버지의 아들과 딸들이며 이 진리만이 우리에게 필요한 정체성의 전부입니다(마 23:5-12).

그렇지만 우리는 또다시 "내부자"와 "외부자"로 분열돼 버리고 육신이 바라는 대로 잘못된 이분법에 빠지고야 맙니다. 당신이 "교회"에 나가든지 그렇지 않든지는 차이가 없는 구분일 뿐입니다. 중요한 것은 사람이 예수님을 따르며 그분의 사랑으로 변화되었는지 입니다. 바라건대 소위 체념자에 관한 이 연구를 통해 내부에 있는 사람이나 외부에 있는 사람 모두 그분의 교회란 우리 대부분이 믿으려고 하는 범위보다도 더욱 크다는 현실을 인식하게 되었으면 합니다. 더불어 그분의 사랑과 목적으로 관계 맺는 곳은 어디라도 그분의 교회가 나타난다는 사실도 인정하게 되길 바랍니다.

그분의 교회에 속하기 위해선 지역 교회 출석이 의무라고 주장하는 사람들이 잘못된 생각을 재고해 보길 나는 바랍니다. 그분의 가족에 일원이 되는 것은 그분을 따르느냐가 관건이지, 어떠한 기관에 속하는지가 아닙니다. 지난 20년 넘게 나는 지역 교회의 안과 밖 모두에서 예수님을 따르는 놀라운 사람들을 발견해왔습니다. 이 연구를 통해 우리가 어느 편에 속했는지보다, 세상 가운데 어떻게 나타나든 그분의 왕국을 향한 지지와 사랑이 더욱 중시되는 대화의 장이 열리길 기대합니다. 그럼에도 예전보다 더욱 진전된 대화를 얻기 위해선 기독교계에 걸쳐 상당수의 목소리가 필요할 것입니다.

  진정으로 예수님을 아는 사람이라면 이 분열을 악화시키기보다는 극복하기를 원하리라고 나는 확신합니다. 우리는 라벨을 볼 필요가 없습니다. 특히 가족 안에서 우리가 다른 사람에 비해 우월하다고 느끼도록 만드는 그런 종류의 타이틀 말입니다. 어떤 특정 집단으로부터 정체성을 찾는 일보다도 우리가 예수님을 더욱 중요하게 여길 때 그분의 왕국을 최고로 표출해내는 대화가 세상 가운데 더욱 일어나게 됩니다. 그제야 우리는 교회에 관해 우리의 견해를 따르도록 요구하지 않고 전혀 뜻밖의 장소에서라도 교회를 인정하며, 그곳에서 우리가 아는 예수님을 같이 아는 사람들과 함께 연계하여 교제를 누립니다. 설사 그들이 우리가 따르는 의례를 따르지 않을지라도 말입니다.

  그럴 때 우리를 나눌 라벨은 더 이상 필요치 않게 됩니다. 형제, 자매, 그리고 동료 성도라는 명칭만으로 우리 각자의 정체성을 나타내기에 족하고도 남습니다. 서로가 예수님 그분 자체를 기뻐하는 가운데 서로를 사랑하면 그분의 교회는 우리 삶 가운데서 왕성하게 자라나게 됩니다.

Beyond Sundays

11

쓸데없는 선 긋기

"교회를 떠나겠다고 친구에게 말했을 때, 그들은 더는 나와 이야기하길 원치 않았습니다."

사람들과 대화하면서 예전에 가까웠던 친구들이 급작스레 그들을 잘라내어 깜짝 놀란 이야기를 얼마나 많이 들었는지 모릅니다. 여러 친구들과 함께 수년간 예배드린 신앙 공동체를 떠나려는 결정은 대부분 급작스럽게 혹은 기분 좋게 이뤄지지 않습니다. 그 일은 보통 오랜 고통과 좌절로부터 나옵니다. 통계에 의하면 떠난 사람 대부분은 그런 결정을 피하고 싶어 할 수 있는 온갖 일을 다 했습니다. 그들은 변화의 목소리를 내보았지만 불평분자로 찍혔습니다. 그 일에 실패하자 그들은 웅크려 앉아 그들을 괴롭히던 문제들을 무시해버리고 긍정적인 방향으로 초점을 맞췄습니다.

그러나 그런 시도는 소용없었고 최후의 결정타는 그다지 큰 일도 아니었습니다. 단지 더 이상은 이렇게 갈 수 없다고 깨닫게 만든 한 사건이 있었을 뿐입니다. 사람을 교묘하게 조종하려는 강단의 설교나 발언이든지, 더는 무시할 수 없는 정치적 의도이든지, 아니면 누구도 나누려 하지 않던 문제와 씨름하다 단순히 탈진했든지, 그들은 결국 양심상 달리하는 수가 없었기 때문에 단호한 결정에 이르게 됩니다. 물론 가장 친한 친구들이 이해해주었으면 하고 그들은 바랍니다. 친구들이 동의하지 않거나 기꺼이 같은 결정을 내릴 준비까지는 되지 않아도 말입니다. 그들은 친구들 역시 그 여정에 관심 있으리라 여기지만, 일단 그 이야기를 꺼내면 왕따 취급을 받습니다. 사람들은 종교적 행위를 통해 다른 이의 인정을 받으며 사는 데 익숙해졌으므로 이해받고자 하는 그들의 열망은 지나치게 열정적이거나 예민하게 비치곤 합니다.

그래도 기독교는 옳고 그름에 초점을 두기 때문에 많은 이들이 그곳에서 무언가 잘못되었으므로 떠나야만 된다고 결론 내리고 그런 결정에 이르게 됩니다. 그러니까 그들은 '옳은' 일을 하고 있고, 그들을 지지하지 않는 사람들이 '잘못' 하고 있다는 뜻입니다. 그들은 종교 기관을 바빌론의 음녀라고 비난하는 인터넷 기사를 올리는가 하면, 주요 지도자나 인사를 향해 자신을 위해 전체 덩어리를 망쳐버리는 누룩이라며 탓합니다. 그들은 자기 요구를 도덕적 이슈로 만들어 누구라도 반대하면 더 이상 진리를 따르지 않는다고 치부해 버립니다.

이 무대는 격렬한 대립의 장으로 세워지며, 소중했던 그들의 우정과 교회가 맺어온 결실의 역사로 인해 논쟁은 한층 더 가열됩니다. 떠난다는 이야기를 그대로 방치하기에는 교회의 미래에 너무나도 위협적입니다. 그런 말은 재빨리 지도자의 귀에 들어가고, 그 불만이 교회에 퍼질 때의 위험을 감지합니다. 어떠한 불평분자에 관해서라도 그들이 얼마나 재빠르게 뒷말을 퍼뜨리거나 은근히 빗대어 깎아내리면서 방어 태세를 굳히는지 놀라울 지경입니다. 어떤 그룹의 생존에 있어서 사람이 떠나는 일만큼 위협은 없습니다. 특히나 오랜 우정에도 불구하고 떠날 수밖에 없는 이유가 있을 때엔 더욱 그렇습니다. 그들에게 당신의 결정은 신학적으로 잘못된 사안이 되어야만 하므로, 당신의 이미지를 실추시키고 사람들이 당신과의 관계를 꺼리게 만들기 위한 의도로 뒷말이 이어져 나옵니다. 그런 처사는 당신을 향한 사랑이 부족하다기보다는, 리더십을 향한 두려움을 더욱 시사하는 현상입니다.

그러니까 한편으로 당신은 사람들에게 괴로운 결정을 하도록 만들었습니다. 즉, 다른 사람들이 당신의 결단을 이해해주고 어쩌면 심지어 따라와 주기까지 바라겠지만, 다른 한편으로는 그 결단으로 인해 판단과 상처를 받고 호의적으로 느끼지 않는 사람들도 있기 마련입니다. 내 경험상 양쪽은 상대가 먼저 움직이길 바라며 몇 년 동안 기다리기 십상입니다. "나는 6개월 전에 나왔는데 누구 한 사람도 내게 전화하지 않습니다." 혹은 "그들은 우리 우정이 아무런 의미가 없다는 듯 어느 날 종적을 감췄습니다."라면서 말입니다.

하지만, 모든 곳에서 이런 일이 일어나는 것은 아닙니다. 사람들이 자신의 여정을 갖도록 허락할 정도로 안정적인 교회나 목사도 있습니다. 그리고 그들은 더 이상 서로 만나지 않더라도 여전히 친절하고 관대하게 대해줍니다. 그러나 나는 그렇게 평화로이 관계를 떠나는 사람들로부터 이메일을 받지는 않습니다. 내게 메일을 보내는 사람들은 누군가 마치 하나님을 거부라도 한 것같이 공격을 받거나, 마치 일종의 바이러스처럼 배척받곤 합니다. 이는 그들이 당신으로부터 잘못했다는 인정을 받고 돌아오도록 만들려는 시도 중 하나입니다. 그렇게 하는 편이 당신에게 유익하다고 그들은 생각하기 때문입니다.

즉, 당신이 다시 따라올 때까지 우정을 보류하는 일은 당신을 사랑하는 그들의 방식입니다. 이 시기는 모두가 우려하는 위태로운 때입니다. 나의 경우처럼 당신은 종교적 의무로부터 자유를 찾기 위해 어느 정도 거리를 둘 필요가 있을 수도 있습니다. 나 역시 종교적 의무를 잘 감당해온 만큼, 그런 일을 추구하던 사람들과 어울리면 그 사고방식에 쉬이 휘말릴 수 있었습니다. 거기서 떨어져 나와 지나치게 빠져들지 않는 새로운 관계를 키우는 일이 내게는 놀랄 정도로 도움이 됐습니다. 그래도 나는 뒤에 남겨진 사람들을 마음속에서 잊지는 않았습니다. 그들은 단지 내가 수년 동안 행한 대로 하고 있었을 뿐입니다. 그래서 그들을 나무라기보다는 그들도 나와 비슷한 갈망을 더는 이겨낼 수 없게 될 경우를 대비해 계속 연락하길 바랐습니다. 그리고 나는 아버지의 애정 속에 삶을 배워가면서 행위에 근거를 둔 사람들과도 함께 지내기 편해졌고, 그럼에도 다시는 쳇바퀴로 끌려 들어가지 않게 됐습니다.

사람들은 다른 이들에게 상처를 주지 않고도 교회를 떠날 방법이 있는지 종종 묻습니다. 물론, 그 어떤 방법도 사람들이 어떻게 반응할지를 보장해 줄 수는 없습니다. 그러나 내가 20여 년 이상 이런 과정을 거치는 이들을 지켜본 결과, 당신과 당신이 아끼는 다른 사람들을 편안하도록 만들어줄 방법을 찾았습니다.

조용히 떠나십시오. 예수님께서 당신에게 명확하게 어떠한 마지막 항변을 해서 사람들에게 떠나는 사유에 관해 알리도록 요구하시지 않는 한, 더 조용한 출구를 찾으십시오. 그리고 만약 정말로 이번만큼은 이의를 제기해야겠다고 느낀다면, 개인적으로 자신을 변호하고 싶은 스스로의 갈망을 혹시나 성령님의 인도로 착각하지는 않았는지 확인하기 위해서 다시 한 번 기도하십시오. 다른 사람들로부터 더욱 상처와 배반을 받았다고 느낄수록, 육신은 더 그런 식으로 반응하고 싶어 합니다. 그렇지만 그렇게 하면 예수님께서 당신에게 여전히 건너기 바라시는 다리를 불태워버리는 일이 되어 버립니다.

당신 역시 문제를 간파하고 떠나는 결론을 내리게 되기까지 얼마나 오래 걸렸는지 기억하십시오. 성령님께서 그들에게도 동일하게 역사하시도록 시간을 내어드리십시오. 단지 당신이 참여를 철회하는 행동을 보이는 것 이상으로 더 분명한 선언은 없습니다. 당신이 가진 이유를 들어 그들을 공박할 필요까진 없습니다. 이 주제에 관해 내가 읽은 최고의 책은 진 에드워드Gene Edwards가 지은 『세 왕 이야기』A Tale of Three Kings』입니다. 그는 다른 사람을 데려가려 들지 말고 조용히 떠나라고 조언합니다. 그들의 심령은 하나님께서 다루시도록 내어드리십시오. 만일 사람들이 당신에게 어떻게 된 건지 묻는다면, 더 자유로이 예수님을 따르기 위해 지긋지긋한 제도권의 교회를 떠난다는 식으로 최후의 변론을 하진 마십시오. 그들과 관계가 있다면 온유하고 정직하십시오. 그러나 그들이 이해하리라 기대하지는 마십시오.

듣는 이에게 은혜를 끼치도록 말하십시오. 당신이 기성 교회에 지친 다른 사람을 만났을 때는 자유롭게 대화하며 서로의 여정을 격려해 줄 수 있고, 시스템으로 인해 상처받은 좌절감에 관해 시시콜콜 이야기할 수도 있습니다. 그러나 여전히 그곳에 있는 사람들에 관해선 들을 준비도 되기 전에 당신의 결론을 강제로 주입하려 들지 말고, 그들이 더 알아보고 싶어 하면 문을 열어 두면서 더욱 부드럽게 이야기하는 편이 훨씬 낫습니다.

이해받으려고 너무 심각하게 애쓰지 말고, 다른 사람이나 리더십을 향해 비난을 던지지 마십시오. 물론 나는 당신에게 부정직하도록 부추기지는 않습니다. 만약 교회 리더십이나 역학 관계에 정말로 부정부패가 있다면, 다른 사람들도 그 문제에 관해 경고받을 필요가 있습니다만, 주의 깊게 하십시오. 그렇다 해도 당신은 사람들에게 모든 일을 다 폭로해, 당신의 상처로 그들을 압도할 필요는 없습니다. 그들에게 단지 기도하는 가운데 무언가 다시 생각하고 있다고만 알리십시오. 그들이 관심 있다면 더욱 물어오겠지요. 그렇지만 진정 갈급한 사람인지 분별하고, 단지 루머를 퍼뜨릴 의도로 가십을 듣기 원하는 사람은 조심하십시오.

당신의 행동이 부당함이나 폐단에 대응한 올바른 반응이라고 다른 사람들을 확신시키는 일은 당신의 임무가 아닙니다. 당신의 모든 좌절을 들어내어 보이면 관계를 해칠 테고, 당신이 무엇을 하는지 이해하지도 못한 채 그들이 당신을 판단하도록 만들 수 있습니다. 많은 경우 당신 역시 진행되는 모든 일을 아직 다 이해하지 못할 것입니다. 심지어 자신의 심령까지도 말입니다.

소셜미디어에 공유할 때 주의를 기울이십시오. 당신과 관계된 사람 모두가 매일 당신의 여정과 마주치는 일이 달갑지만은 않을 것입니다. 이 여정의 초기에 많은 이들은 새롭게 발견한 논란의 여지가 있는 신학적 견해에 관해 가족이나 이전 교회 사람의 눈에 거슬리는 줄 알면서도, 자기 SNS에 도배를 해대며 다른 이에게 불만을 표출합니다. 그들은 자신이 도발적이며 다른 사람의 반발을 견디고 있다는 검증을 받고 싶어 하는 듯 보입니다. 그런 일은 마치 자신이 중요한 일을 하는 양 느껴지도록 만듭니다. 그러나 실제로는 예수님께서 마찬가지로 사랑하시는 사람들을 소원하게 만들 뿐이라는 사실을 이윽고 그들은 깨닫게 됩니다. 이들 중 많은 사람은 친구를 잃었다고 불평하면서 진리를 찾는 순교자 역할을 자임하겠지만 그들이 자초했을 따름입니다.

당신의 문제를 공공의 장에서 파헤치는 일은 아무런 가치도 없으며 더 큰 상처만 불러일으킬 뿐입니다. 그런 일은 개인적 대화에서 가장 잘 이뤄집니다. 이미 그 길을 따르며 당신의 사고가 닿는 데까지 들어주고 이해하며 충분히 생각할 수 있도록 도울 수 있는 사람과 말입니다. 당신의 견해는 시간에 따라 극적으로 변하면서, 그분의 진리와 가까워질수록 온유와 겸손이 다른 사람을 공격하지 않고도 격려하는데 지대한 도움이 된다는 사실을 발견하게 됩니다. 적대적인 태도로는 당신이 사랑을 배우고 있는 하나님에 관해서나, 당신의 관점에 대해 사람의 마음을 열지 못합니다. 그보다는 여정 위에 있는 사람으로서 그들을 보살피면 열어줄 수가 있습니다.

딱 잘라 선 긋는 일은 피하십시오.

만일 사람들이 어디에 있었는지 묻는다면, 제도권 교회를 떠났으며 다신 돌아가지 않겠다고 대답하는 대신 다시 생각해보십시오. 설사 당신이 오늘 그렇게 느낄지라도, 은혜란 매일같이 되새길 때 최고로 경험할 수가 있습니다. 당신이 지금 당장 떠날 필요를 느낄 순 있어도 이 여정이 당신을 어디로 데려갈지, 하나님께서 어떻게 인도해 나가실지는 모릅니다. 하나님께서 몇 가지 이유로 당신을 다시 더욱 교회적인 환경으로 부르실 줄 누가 압니까? 심지어 당신은 자신이 내리는 그 결정이 일시적일지 또는 영구적일지도 알지 못합니다.

성경은 매일 그분께 반응하는 데 집중하면서 최선을 다해 그분의 인도를 분별하고 예수님을 따르도록 격려합니다. 새롭게 얻은 결론이나, 당신 생각에 "옳고 그름"에 근거해 입장을 세운다면 보통은 시간의 시험을 견디지 못합니다. 그런 일을 너무 섣부르게 언급하면 결국 당신 자신을 변명의 여지도 없는 궁지로 몰아넣게 됩니다. 시간에 따라 우리 생각과 삶도 변하므로 지금 우리가 아는 일이 지금으로부터 몇 년이 지나도 여전히 더 나을지는 오늘로써는 알 수가 없습니다.

최소한의 충격만 주고 교회를 떠난 사람들은 그들과 많은 우정을 지속한 사람들을 딱 잘라 선 긋지 않았습니다. 대신 그들은 예수님과의 관계에 집중할 수 있도록 그들을 소진하게 만든 활동을 쉬거나 안식년이 필요하다고 말했습니다. 그들은 교회가 무엇이며 그들 생애의 이 시기에 어떻게 교회와 관계를 맺으면 가장 좋을지 숙고하고 있다고 사람들에게 말합니다. 당신이 하나님의 인도를 개인적 영역으로 국한할수록 그들이 거절감을 느낄 필요도 적어집니다. 나는 종종 어느 교회에 다니는지 묻는 사람에게 특정 교회로 출석하지 않는 대신에 더욱 관계적인 교회로서 행할 수 있는 길을 탐색하고 있다고 대답합니다. 그런 답은 사려 깊고 민감한 여러 대화의 포문을 열었습니다. 만일 당신이 리더십 직위나 다른 책임을 내려놓을 필요가 있다면 단도직입적으로 온유하게 말하십시오. 그들이 얼마나 간절히 원하든 당신은 그 누구에게도 설명할 의무는 없다는 사실을 유념하십시오. 단지 하나님께서 지금 당신을 위해 예비하신 길이라고 확신했다고 답하십시오. 그렇게 말하면 논쟁을 벌이긴 어려우니까요.

그 결정에 관해 하나님께서 당신의 삶에서 우선순위 혹은 인식을 전환하시는 한 시기로 본다면, 사람들은 최종적이거나 단정적으로 여기지 않게 됩니다. 당신이 그 결정을 덜 위협적으로 보이게 만들수록, 사람들 역시 어느 한쪽 편을 들기보다는 당신 자체에 더욱 관심을 기울일 수 있게 됩니다. 그렇게 할 때 당신 또한 그 결정에 관해 가장 잘 볼 수가 있습니다. 우리 일생에 절대 변하지 않을 것같이 결정을 내려놓고도 나중에 오류로 드러난 적이 얼마나 많습니까? 우리는 다 성장하고 있으며 모두가 그분을 따르는 법을 배우고 있습니다. 그러므로 결정에 관해서는 남은 평생 따르며 살아갈 새로운 법이라기보다, 그 순간의 인도로 보는 편이 가장 유익합니다.

만일 그들이 관심을 가져 더욱 캐묻더라도 어디까지 나눌지 주의를 기울이십시오. 그들이 진정 관심 있다면 더욱 자유롭게 나누십시오. 그들이 방어적으로 되는 시점에선 조금씩 물러나십시오. 이는 그들을 보살피기 위함이지, 당신이 옳다고 입증하기 위한 나눔이 아니기 때문입니다.

새로운 관계가 쉽사리 오지 않는다는 사실을 인식하십시오.

많은 사람들은 교회를 떠나면 갑자기 더욱 관계적인 방식으로 교제할만한 많은 이를 발견하게 될 것이라고 생각합니다. 불행히도 보통은 그렇지 않습니다. 많은 교회가 너무나도 내향적으로만 발달한 나머지 그 경계를 넘어서는 다른 좋은 우정은 드뭅니다.

일단 당신이 떠났다면 새로운 관계를 찾기 위하여 어떻게 하겠습니까? 만약 단지 당신이 떠난 교회가 결정적으로 잘못됐다고 생각한다면 다른 교회는 그 교회보다 덜 한지 알아보고 싶겠지요. 많은 이들이 이런 옵션을 택해 그저 시간이 덜 들고 눈에 덜 띌 수 있는 더 큰 교회로 찾아갑니다. 이 경우 가장 성공적인 케이스는 보통 집에서 더 가깝고 더욱 작은 교회로 가, 즐길 프로그램보다는 사랑할 수 있는 사람들을 찾습니다.

하지만 종교적 의무를 정말 포기하고 더욱 관계적인 연계를 찾기 원한다면, 새로운 모임이나 심지어 새로운 우정을 찾는 일이 결코 쉬우리라 생각하지는 마십시오. 당신은 같은 마음을 품은 이를 찾기 원할 테고, 그러면 도움이 될 수도 있겠지요. 그러나 최고의 우정은 당신과 똑같은 사람을 찾는 데서 오는 것이 아니라 차이를 통해 우정을 키워가는 데 있습니다. 당신과 동일한 여정 위에 있는 모임을 찾기보다, 당신 곁의 그 누구라도 사랑하길 구하십시오. 그 길이 더 수월할 것입니다.

이 시기에는 많은 사람들이 외로움을 느낍니다. 특히 그들이 홀로 결정했다면 말입니다. 그러나 이 또한 나쁘지 않습니다. 외로움이란 종종 다른 사람들이 없어서가 아니라, 예수님과의 교제가 부족하기에 생깁니다. 이 시기는 그분을 알아가고 그 사랑 안에서 쉬는 법을 배우기에 너무나도 좋은 시간입니다. 그러면 새로운 우정은 외로움이 바라는 바에 휘둘리지 않고 키울 수 있게 됩니다.

더 큰 연합을 위한 힘이 되십시오.

예수님께서는 그분을 따르는 자들이 완전한 연합을 이루도록 가장 뜨겁게 기도하셨습니다. 만일 당신이 기성 교회 밖에서 길을 찾는다면, 여전히 교회에 나가고 있는 사람을 사랑하는 일에 머뭇거리지 마십시오. 서로를 고치려 들지 않고 열려 있다면 누구와도 우정을 추구하십시오. '교회' 대신 '예수님'에 관한 대화를 계속하십시오. 당신은 더욱 결실 있는 대화를 발견할 것입니다.

당신이 그분의 사랑 안에서 더욱 자유를 발견하면 죄책감과 정죄는 끼어들 자리가 없게 됩니다. 그런 것들에 관해 당신은 온유하고 솔직하게 심지어 유머스럽게 드러낼 수 있으며, 정말 당신을 아끼는 사람이라면 적어도 당신이 있는 곳에서는 죄책과 정죄를 내려놓게 됩니다. 또한 그런 것들로 당신에게 더 이상 영향을 끼치지 못한다는 사실을 볼 때 그렇게 됩니다. 그들은 스스로를 위해 그 자유를 원할지도 모릅니다. 그러나 그들 스스로가 청하도록 하십시오. 이는 당신에게 멍에를 씌우려는 해로운 사람들과 어울려야 된다는 뜻이 아니라, 어둠 속에 잃어버린 사람일지라도 당신은 더욱 자유롭게 사랑할 수 있게 된다는 의미입니다.

사람들이 당신이 보는 식으로 보도록 만들려고 애쓰지 마십시오. 성령님께서 그 일을 행하시도록 신뢰하며, 그저 그들이 그 여정 위에 있다는 사실을 기뻐하십시오. 그러면 당신은 커지는 사랑과 애정으로 아버지의 마음을 이루게 됩니다. 다시 전통적 교회로 되돌아가는 사람도 일부 있겠지만 그들은 더 이상 종교적이거나 정치적인 수를 쓰지 않는 매우 다른 사람으로 변합니다.

사랑하기를 잊지 마십시오.

  종교적 의무로부터 진정한 자유는 다른 이에게 따라야 할 새로운 의무를 부여하는 것이 아니라, 우리가 그분의 사랑 안에 사는 법을 배우면서 따라옵니다. 이는 우리가 동의하지 않는 사람, 우리를 박대하는 사람에게도 해당됩니다. 시간이 걸릴지라도 사랑을 또 다른 의무로 바꾸지 않도록 주의를 기울이십시오. 심령으로부터 하는 사랑을 배우되 당신 자신의 자유를 넘어 억지로 하지는 마십시오. 앞서 말했듯 처음에는 당신을 판단 속에 가두거나 조종하려는 사람과 일부 거리를 유지할 필요가 있습니다. 심지어 가족이라도 말입니다. 그러나 상황은 시간에 따라 바뀌게 됩니다.

  그분이 얼마나 당신을 사랑하는지 발견해 나가면서, 그 관계가 당신이 그분을 보는 방식 그리고 자신과 다른 사람을 보는 방식에 모든 변화를 가져올 것입니다. 당신은 점점 더 의무와 죄책감과 두려움에 의한 조종으로부터 끊어지는 자신을 발견하게 됩니다. 당신의 여정에 동의하지 않는 사람이라도 함께 지낼 수 있게 되며 그들의 불안감에 영향받지 않게 됩니다.

  이는 확실히 어려운 수업이긴 하지만 그 보상은 매우 큽니다. 우리가 다른 사람을 향해 우리의 결론을 따르도록 강요하려 든다면, 복종과 조종의 수를 쓰는 사람들과 다를 것이 없습니다.

사랑은 압박하지 않고 간청합니다. 사랑은 누군가를 보살피면서 그들이 준비됐을 때 불을 밝혀줄 대화를 모색합니다.

그리고 이는 우리 모두가 나아갈 방향입니다. 그러므로 이 여정에서 기성 교회 가운데 있든지, 아니면 그 바깥에 존재하는 그분의 교회에서 기쁨으로 살아가기를 배우든지 우리 모두 서로 사랑과 은혜로 대하는 편이 현명할 것입니다. 우리의 연합은 교리의 세밀한 점까지도 모두 동의하면서 같은 관례를 지키는 데 있지 않고, 차이에도 불구하고 서로를 보듬으면서 예수님께로 더 가까이 이끌기 위해 격려할 길을 찾는 데 있습니다.

당신 안에서 그분이 행하시는 일에 충실히 살아가며 다른 이를 관대하게 대한다면 그분께서 당신에게 뜻하신 모든 일을 이루게 됩니다. 아울러 당신은 더 넓은 세상 가운데 있는 그분의 교회를 향해서도 복이 됩니다.

Beyond Sundays

12

심해지는 분열을 넘어 손 내밀기

우리에게는 주일예배에 정기적으로 출석하며 열정적으로 예수님을 따르는 3100만 명이 있고, 그중 많은 이들이 지역교회만이 오늘날 진정한 신자가 예수 그리스도의 교회와 관계 맺을 수 있는 유일한 처소라고 믿습니다. 그리고 정식으로 교회에 속하지 않으면서도 예수님을 따르는 3100만 명이 또 있으며, 그중 많은 사람은 제도권에 속한 교회가 예수님께서 오셔서 지으려 하신 교회를 잘 반영하지 못한다고 믿습니다.

그렇다면, 누가 옳습니까?

둘 다 아닙니다.

그리고 그들 모두 자기편이 옳다고 생각하면서 서로를 경시한다는 그 사실 자체가 예수 그리스도께서 함께 엮으신 교회의 존재 기반을 허무는 처사입니다. 히브리서 10장 25절을 포함한 성경 그 어디도 우리 자신을 종교 기관에 끼워 넣도록 의무 지우지 않습니다. 마찬가지로, 하나님의 영광을 나누고 사람들을 그분의 실재로 초대하기 위해 그분이 기관에 속한 사람들 가운데 계실 리가 없다고 말하는 것 역시 성경에는 없습니다. 그러므로 당신이나 친구가 '교회에 나가는지'는 하나님께 그렇게 중요한 문제가 아닙니다. 그런 일이 당신에게도 더 이상 중요하지 않게 될수록, 하나님께서 사랑하며 동행하라고 보내시는 그 누구라도 더욱 자유롭게 사랑할 수 있게 됩니다.

예수님의 최대 관심사는 우리가 교회를 어떻게 정의하느냐가 아니라, 우리가 그분과 관계를 맺고 세상 가운데 그분의 역사에 관여하는지 입니다. 교회 문제에 관해 다툼을 벌이는 것은 마치 산사태 여파로 갇힌 사람들을 구조하기 위해 파견된 두 팀이 바로 임무에 뛰어들지는 않고 어느 편의 구조장비 브랜드가 더 나은지 싸움을 시작하는 경우와 같습니다.

그야말로 말도 안 되는 일이 아닙니까?

바울은 이렇게 말했습니다. "사랑으로써 역사하는 믿음뿐이니라"(갈 5:6). 갈라디아 교인은 할례에 관해 다투었습니다. 우리는 주일 성수를 두고 싸웁니다. 결국엔 둘 다 중요하지 않습니다. 중요한 문제는 우리 아버지를 향한 신뢰를 기르는 일이며, 이는 우리가 다른 사람과 나누는 사랑 가운데 나타납니다.

단지 지역 교회에 출석한다고 해서 그것이 구원을 보장하지는 못하며, 불출석이 당신을 저주하지도 않습니다. 다른 사람들이 아무리 그렇게 주장한대도 말입니다. 좋은 가르침을 받고, 의미 있는 교제를 발견하면서, 세상에 다가오는 그분의 왕국에 동참하는 데는 많은 길이 있으며 지역 교회를 통한 사역은 그중 하나일 뿐입니다. 만약 그 일이 당신의 믿음에 의미 있고 도움이 된다면 그 교회에 있으십시오. 그렇지 않다면 더욱 관계적으로 사람들과 연계할 수 있는 다른 길을 찾아보십시오.

그렇지만 지금은 어느 때보다도 우리를 가른다고 여겨지는 그 무엇이라도 뛰어넘어야 합니다. 그리고 예수님께서 우리에게 제자로서 행하도록 요구하신 그 일을 해야 합니다. 그분께서 우리를 사랑하신 것같이 서로를 사랑하라는 말씀 말입니다. 그리고 그 대상에는 당신과 다른 사람까지도 포함됩니다. 사실 다른 사람을 사랑하는 일은 대부분 서로의 차이와 깊은 관계가 있습니다. 우리와 동일한 생각을 하는 사람을 사랑하는 일은 쉽습니다. 우리는 모두 예수님의 제자들이 자기 그룹에 속하지 않은 다른 사람들이 행하는 기적을 봤을 때 반응한 때처럼 덫에 빠집니다. 예수님께서는 하나님의 왕국을 더욱 넓게 보고 사람들에 관해서도 더 관대하게 보도록 제자들에게 경고하셨습니다. "누구라도 우리를 대적하지 않는다면 우리 편이라."

우리는 교회 이름, 의식 절차, 교리, 교파적 구조 등으로 충분히 오랫동안 분열해 왔습니다. 지금은 예수님께서 우리 주위에 지으시는 교회를 인식하기 위해 다른 실제를 발견할 때가 아닌가요? 당신이 지역 교회에 출석해도, 그 교회가 그 지역이나 세상에서 유일하게 그리스도를 나타낸다고 여기거나 하나님께서 그 교회만 알기 바라신다고 생각한다면, 당신은 하나님께서 세상에서 행하시는 많은 일을 잃게 됩니다.

지난 20년 동안 나는 제도권에 속한 기독교에서 연계와 희망을 잃어버린 사람들과 함께 걸어왔습니다. 그래도 그들은 예수님 안에서의 믿음과 다른 제자들과의 실질적 공동체를 이루고자 하는 열정과 그들 주변 세상과 접하고자 하는 열망을 잃지는 않았습니다. 그들은 교회 생활에 있어서 그렇게 제도적 요소가 필요하지 않다는 사실을 발견하고 있습니다. 한편으로 나는 또한 지역 교회의 필요성을 확신하는 사람들과도 우정을 유지했습니다. 나는 장로, 목사, 헌신된 교인 등과도 친밀한 관계를 가지고 있습니다. 그들은 나의 여정에 큰 격려와 지혜를 가져다주었습니다. 나는 내가 살던 지역사회에서 가난하고 소외된 곳을 향한 여러 아웃리치에 참여했는데 그중 일부는 교단이, 다른 일부는 개인적으로 지역을 섬기고자 하는 사람들이 후원했습니다.

나에게 있어서 예수 그리스도의 몸은 훨씬 더 크고 다양해진

만큼, 내가 믿는 모든 것에 동의하지 않는 사람들로 가득합니다. 그래도 그들은 내가 아는 동일한 아버지와 관계를 공유합니다. 우리를 함께 모으는 근원은 교회에 관한 우리의 신학이 아닙니다. 우리는 아버지의 사랑의 강 한가운데서 곁에 있는 서로를 발견했을 뿐입니다. 그런 연대에서는 누군가 특정 모임에 정기적으로 나가는지 아닌지 따지는 일이란 순전히 어리석을 뿐이라는 사실을 비로소 깨닫게 됩니다. 우리가 교리나 종교적 관행을 교회 생활의 기본으로 삼으면 그런 분열은 더해질 뿐입니다. 우리에게 있어 예수님께서 누구이신지에 관한 기초는 다르지 않으며, 대부분의 차이는 모호한 구절에 관한 다양한 해석에서 나옵니다. 그러나 그런 차이는 사랑 앞에서 더는 중요치 않게 되어 버립니다.

내가 아는 아버지를 당신도 알아가고 있다는 자그마한 눈짓만으로도 우리가 교제를 나누는 데 충분합니다. 이는 하나님께서 당신 마음에 쏟아부으신 아버지와 다른 사람을 향한 사랑을 통해서 알 수가 있습니다. 특히나 당신과 다른 방식으로 세상을 보는 이들을 향한 사랑 말입니다. 당신은 점점 더 관대해지며 친절해지고 있습니까? 아니면 다른 사람을 향해 더욱 판단적이 되며 당신에게 동의하도록 요구하고 있습니까? 설사 당신이 이 믿음을 가진 지 하루밖에 안 되어서 온갖 종류의 교리적 가정에

삐딱하게 빠져 그분의 실재 안에 사는 삶이 무엇인지 도무지 모른다 해도, 우리는 교리적 정확성이 아닌 그분 안에 있는 생명 때문에 삶을 나눌 수가 있습니다. 때가 이르면 그분께서 나와 당신을 더욱 진리 가까이 이끄십니다. 그러므로 나는 일치성을 교제나 협력의 전제 조건으로 보지는 않습니다. 오직 내가 봐야 할 전부는 당신의 삶에서 자라나는 아버지의 사랑뿐입니다. 다른 모든 문제는 그분께서 몸소 보살피신다는 진리를 나는 신뢰합니다.

사라와 나는 정신과 의사인 커트 톰슨 박사Dr. Curt Thompson, MD가 쓴 『수치심The Soul of Shame』이란 탁월한 책을 읽었습니다. 그는 뇌과학을 통해 수치심이 내부적으로 우리 뇌기능을, 외부적으로는 우리 관계를 끊어 놓으며 파괴적인 영향력을 발휘한다는 사실을 보였습니다. 수치심이란 자기연민의 형태로 오든 오만의 형태로 오든 피조물을 깨부수고 우리를 다른 사람들로부터 고립시킵니다. 그는 이렇게 썼습니다. "수치심은 어떤 차이에 관해 어느 것이 더 좋은 것인지 혹은 더 나쁜 것인지 해석하는 경향이 있습니다. 이 수치심이 마음에 얼마나 있느냐에 따라 무의식적으로 차이에 대해서 자신이나 다른 이를 향한 판단으로 반응할 수 있습니다."

만약 우리에게 사랑이 가장 중요했더라면 우리와 다른 방식의 믿음으로 살아가는 사람을 향해 위협을 느끼지 않고 함께 걸으며 세상에 그분의 사랑을 줄 수 있었을 것입니다. 나는 하나님에 관해 옳고 그른 생각이 없다고 말하려는 의도가 아닙니다. 옳고 그름이야 있으니까요. 다만 로마서 14장으로 돌아가 귀 기울일 뿐입니다. 바울은 서로 다른 사람의 여정에 영향을 미치려 애쓰기보다는 하나님의 영이 역사하시도록 신뢰하라고 우리를 초청했습니다. "바로잡아야 할 것과 익혀야 할 예절 등이 있다면 하나님이 알아서 하실 것입니다. 여러분의 도움 없이도 말입니다."(롬 14:4, 메시지성경) 그리고 그런 일이 일어나기에 가장 적합한 환경은 사람들이 예수님을 더욱 잘 알아가도록 격려를 받으면서 사랑과 보살핌을 받는 곳입니다.

나는 누군가를 소속 교단 혹은 무소속에 따라 분류하고 심지어 그 기준으로 영적 열정에 깊이를 가늠하고자 하는 욕구를 오래전에 관뒀습니다. 그런 일은 사랑하는 데 필요하지 않으며 오히려 관계를 향한 소망을 숨 막히게 할 뿐입니다. 성경은 교회라고 부르는 그 어떤 단체에도 누가 하나님 왕국의 일원이며 누가 아닌지 결정할 권한을 주지 않았습니다. 우리는 누가 하나님께 속했는지 결정하는 선을 긋기 위해 너무나도 오랫동안 염려해 왔습니다. 열심으로 상한 갈대를 꺾어버리고 꺼져가는 심지를 꺼 가면서까지 그 선을 강요해 왔습니다.

바울은 그 일을 다른 곳에 맡겼습니다. "하나님의 기초는 확고히 서 있고, 주께서 자신의 백성인 자들을 아시느니라 하는 글이 담긴 봉인이 있느니라."(딤후 2:19) 그분이 아신다면 우리가 알 필요는 없습니다. 하나님께서는 이미 그분의 사도들에게 만약 그들이 알곡과 가라지를 가르려 든다면, 그 과정에서 알곡을 상하게 한다고 경고하신 바 있습니다(마 13장).

만일 우리가 서로를 향해 단지 그 사랑의 실재에 더욱 동참하고 나누기를 구했더라면 어떤 일이 일어났을까요? 그들이 어느 그룹에 속했든지, 어떤 교리적 차이가 있든지 상관없이 주변 형제자매들과 더 나은 연계를 발견하지 않았을까요? 이야말로 그 어떤 형제의 지혜보다도 혹은 기적을 나타내 보이는 어떤 자매의 능력보다도 예수님께서 우리에게 구하라고 하신 성령의 열매가 아닐까요?

만약 우리가 예수님께서 기도하신 완전한 연합을 이루는 자가 되려면 우리는 그분과 그분의 사랑을 다른 어떤 것보다도 최고의 우선순위로 두어야 합니다. 우리는 생명에 관해 다른 관점으로 보는 사람들에게 위축되지 않고 이겨내야 합니다. 또한 그들이 필수라고 여기는 것들을 명령대로 하지 않는다고 해서 우리가 예수님의 제자일 리 없다고 주장하는 사람들을 향해서도 개의치 말아야 합니다.

그분께서 교회를 함께 엮어 나가실 때 우리는 그분께서 마음에 주시는 관계를 추구하며 성령에 반응합니다. 지역 교회를 옹호하는 사람의 경우 자기 기관의 경계를 넘고 손을 뻗어 다른 그리스도인 모임과 연계하며 전혀 교회를 다니지 않는 사람들과도 교제를 나눈다면 복이 되겠지요. 교회 출석을 멈춘 사람들도 계속 다니는 사람들이 당신의 여정을 멸시하지 않고 인정하는 한 관계를 맺는 것이 복된 일입니다.

당신이 사는 현장에서 예수님의 가족은 우리가 쪼개 놓은 교회보다도 훨씬 더 큽니다. 만약 우리가 교회에 관한 견해나 교리적 차이를 넘어 사랑하고 협력했더라면 그분의 왕국을 얼마나 더 잘 나타낼 수 있었겠습니까? 사랑은 그렇게 할 수 있습니다. 다른 무엇도 할 수 없는 일입니다.

물론 이런 식으로 모두가 교회를 보지는 않을 것입니다. 많은 이들은 그들의 의례와 교리를 마치 차라리 지키다가 죽을 고지와 같이 고수하며 그러지 않는 사람을 가혹하게 판단하곤 합니다. 그렇지만 우리에겐 예수님을 따르는 사람들이 더욱 많이 필요합니다. 그들은 관대하게 사랑하는 법을 배우고, 우리가 상정한 경계선을 넘어서 나아갑니다. 그래서 예수님께서 알아가도록 부르신 다른 사람의 곁에서 섬기며 사랑합니다.

이처럼 사랑하는 실질적 관계로 교회를 정의한다면, 우리는 열린 마음과 팔로 그리스도를 따르는 다른 이들을 자유로이 사랑할 수 있게 됩니다. 최근 나는 지역 교회를 넘어 교회를 모색하는 목사님과 사람들의 모임에서 나의 책 『교회를 찾아서Finding Church』에 관한 대화로 초청받았습니다. 그리고 끝마칠 때 어떤 목사님이 털어놓으면서 이야기했습니다. "나는 한 '체념자'를 알고 있는데 그는 가까운 친구이자 장로였지만 5년 전 내 교회를 떠났습니다. 내가 그를 어떻게 대해야 할까요?"

그 질문에 내 마음은 녹아내렸습니다. 나도 목사였으니까요. 좋은 친구들이 교제를 떠나갈 때 그 고통이 어떤지 나는 압니다. 대부분의 경우 개인적인 의도가 아니었더라도, 우리는 그렇게 순수하게 받아들이지 못합니다. 그 일은 언제나 나 자신과 나의 메시지 혹은 적어도 우리가 함께 나눈 우정을 향한 개인적인 거절처럼 느껴집니다. 그렇지만 그는 그런 고통을 넘어 우정이 여전히 거기에 있는지 알아보기 원했습니다.

나는 이렇게 대답했습니다. "만약 그에게 마음이 쓰인다면, 지금도 그가 당신의 친구인 게 확실하지 않습니까?" 나라면 그에게 커피나 하자고 불러내 그냥 다시 만나 교회 대신 예수님에 관한 대화를 중점적으로 하겠습니다. 그는 바로 그렇게 했습니다. 내가 두 시간을 걸려 집에 도착했을 때 그 목사님으로부터 음성 메시지를 받았습니다. 그 목사님은 모임 직후 친구에게 전화를 걸었고 마침 시간이 있었기 때문에 바로 카페로 가서 그를 만났습니다. 그들은 서로 5년 동안 보지 못했지만, 그곳에서 함께 나눈 놀라운 대화를 이야기하며 울먹거렸습니다. "나는 최고의 친구를 되찾았습니다."

 주일 아침에 서로 다른 무슨 일을 하든지 우리의 우정을 키울 수 있다면 멋지지 않을까요? 그렇게 할 때 우리는 다른 누군가의 교리에 못질하거나 종교 활동에 수많은 시간을 쓰는 일 이상으로, 더욱 커져만 가는 그분의 사랑이란 실재 안에 살아가는 법을 배우게 됩니다. 만일 교제가 정말 이런 모습으로 전파된다면, 우리 가운데 무리를 나누는 구분은 무의미해지고, 예수님을 따르는 모든 이들이 하나가 되게 해달라는 그분의 기도가 응하게 됩니다.

 이는 전화 한 통으로도 일어날 수 있는 일이지만, 바로 그 순간에 세상 가운데서는 하나님의 왕국이 자라납니다.

Beyond Sundays

13

당신에게 공동체가 있습니까?

"어느 교회에 다니세요?" 흔한 만큼이나 생뚱맞은 질문입니다.

이 말은 그리스도인끼리 만났을 때 거의 항상 처음 하는 질문이자 모든 기독교 세계에서 분열적인 질문이기도 합니다. 우리는 누군가 어떤 교파에 속했는지가 그 사람에 관해 많은 사실을 말해준다고 생각합니다. 그들이 칼빈주의자, 카톨릭, 은사주의, 성경지상주의자, 성공회 아니면 근본주의자인가에 따라서 말입니다.

실은 교파가 사람에 관해 알려 주는 사실은 거의 없습니다. 어떤 그룹에 대한 틀에 박힌 견해로 사람을 파악하는 일은 지나치게 단편적인 방식으로, 개인인에 관해 무엇도 말해주지 못합니다. 그들이 예수님과 얼마나 깊이 관계 맺는지, 혹은 영적 여정 가운데 성장하고 있는지 아니면 절망 가운데 시들고 있는지는 교파로 알 수가 없습니다. 그런 질문은 특정 운동에 참여하는 누군가는 으스대도록 만드는 반면, 다른 이는 그 대답이 불러일으킬 판단으로 인해 위축되게 합니다.

  미국에서 예수님을 따르지만 더는 정식 교회에 출석하지 않는 그리스도인 3100만 명에게 이 질문에 답하는 일은 딜레마입니다. 많은 이들이 진정한 그리스도인이라면 모두 지역 교회에 속해야 한다고 확신하는 만큼, 다니지 않는다고 말한다면 당신의 신앙적 신실성을 의심하겠지요. 그들은 제도적 지침 없이도 왕성한 믿음으로 교회 생활을 경험할 수 있다는 가능성에 여지를 두지 않습니다.

  최근 내가 막 알아가던 누군가도 내게 협력 가능성을 타진하면서 어느 교회에 다니는지 물었습니다. 내 대답에 만족하지 못한 그는 두 번째로 이렇게 질문했습니다. "당신이 사는 곳에 '한' 공동체가 있습니까?" 그는 내가 교회라고 부르지 않아도 일종의 그리스도인 모임에 속했는지 확인함으로써 스스로 변호할 기회를 주려고 했습니다.

  나는 까다롭게 굴 의도는 아니었습니다. 우리는 이제 처음 만났을 뿐이므로 그는 내 믿음을 확실히 검증하기 위해 뭔가 나와 맞는 틀을 발견하려 애썼습니다. 내가 만일 어떤 이름과 특정 교리를 가진 모임에 매주 정기적으로 나가기만 했어도 그는 공통점을 찾을 수 있었겠지요.

그를 오해하도록 만들고 싶진 않았지만, 나는 이런 용어를 일부러 엄밀하게 쓰는 편입니다. 나에게 하나의 공동체는 없습니다. 내게는 예수님 안에 사는 삶을 탐색하는 관계적 모임 세 개가 있습니다. 지역적으로 그리고 세계적인 모임까지 합쳐서 말입니다. 그중에 리더십 구조와 명칭을 지닌 조직은 무엇도 없습니다. 어떤 사람들은 그런 의미라면 인정해 수 없다고 생각하겠지만, 그 생각은 틀렸습니다. 그와 나는 공동체를 보는 방식이 너무나 달라서 그가 쓰는 용어만으로는 우리가 서로 통할 수 없었습니다.

나는 그에게 이렇게 제안했습니다. "내가 사는 곳에 공동체가 있는지 물어봐 주시지요?"

그는 멈칫했습니다. 그러고는 다시 나를 의아하게 보더니 내게 무슨 뜻인지 물었습니다. 그제야 우리는 내가 기대한 대화를 나눌 수가 있었습니다. 그렇습니다. 나에겐 공동체가 있습니다. 내가 참여했던 어떤 교회에서 경험한 공동체 이상으로 말입니다. 모임의 이름이나 정기적인 일정으로 딱 잘라 말할 만한 공동체는 없지만, 우린 자주 접하는 관계로 그들은 나를 깊이 알며, 내가 사랑하고 섬기는 사람들이고, 예수님과 더욱 깊어지는 관계에 자주 도전을 받았습니다.

그는 핵심을 알아챘습니다. 사람이 '하나의 공동체'에 속한다고 해도, 실은 공동체가 하나도 없을 수도 있습니다. 교회에 출석하는 사람들에게서 내가 듣는 가장 큰 불만은 피상적인 삶 아래까지 파고드는 관계가 적다는 사실입니다. 우리 문화에서 공동체란 말은 어떤 사회 그룹에서 공통 관심사나 구조를 공유할 때 씁니다. 그러나 내가 공동체를 생각할 때는 정기적 모임이나 비슷한 행동, 또는 관리적 리더십 구조를 고려하지 않습니다. 나는 사람들이 가식 없이 서로 알고 사랑과 격려를 나누며 일상적으로 섬기는 깊은 우정을 생각합니다.

깊은 우정을 향한 내적 갈망으로 인해 사람들은 거대한 조직적 기관을 너머서 공동체를 찾게 됩니다. 많은 공동체가 가깝고 개인적이며 보살피는 관계를 기르는 대신, 복종에 따르는 문화를 조장합니다. 그런 공동체는 일련의 종교적 기대를 맞추는 데 급급하며 정작 공동체가 자라날 수 있는 진실성은 말살됩니다. 기관이 돌아가는 정치적 현실과 거기에 동조하는 사람들은 진정한 공동체를 향한 기대를 뒤엎습니다. 당신이 사랑과 용납을 받아들이지 못할 사람인 것처럼 가장한다면 진정한 관계는 일어나지 못합니다. 사람들은 당신을 모릅니다. 그들은 그저 당신이 보이는 대로 알 뿐입니다.

공동체란 인위적 프로그램으로 만들 수 없습니다. 이는 연령, 관심사, 인종, 사회적 지위를 초월하여 자라나 우정이 확대된 모임으로서 진정성과 애정을 품고 살아가는 사람이 맺는 열매입니다. 그 열매는 사회에서 협상할 때 쓰는 가면을 벗고 다른 사람과 관계 맺는 사람이 거둘 수 있습니다. 공동체의 특징은 예수님과 깊어지는 관계 가운데 진실한 관심과 애정 그리고 정직성입니다.

당신은 커다란 강당에 앉아 있는 모든 사람과 공동체를 이룰 수는 없습니다. 교회 프로그램에서 같이 일한다고 해도 마찬가지입니다. 그런 환경에서도 이뤄질 수는 있겠지만, 그 자체 때문만은 아닙니다. 모임 전후에 대화나 식사, 혹은 활동을 하면서 사람들이 꾸밈없이 편안해지는 지점에서 우정을 키우며 연결되기 때문입니다.

따라서 나는 이런 질문을 더 좋아합니다. "공동체가 있습니까?" 당신 주변에는 실제의 당신, 즉 소망과 꿈, 의심과 두려움까지도 아는 사람이 있습니까? 그들은 당신이 예수님 따르기를 배워갈 때 기꺼이 당신의 분투를 도우며 그들의 삶 역시 열어 보입니까? 당신은 자유롭게 믿음과 삶에 관한 의문에 대해 질문할 수 있습니까? 그들이 나타나 보일 때 당신은 기쁩니까?

이처럼 진짜 공동체를 나타내는 우정은 드뭅니다. 대부분의 인간적 상호작용, 특히 다른 사람을 조종하려는 욕망과 수치심으로 인해 진정한 우정은 약화됩니다. 이런 반응은 종종 종교적 환경에서 일어나는데 사람들에게 진정한 관계 가운데 쉬도록 하기보다 겉치레를 통해 강요하려 들기 때문입니다.

그렇다면 어떻게 공동체를 찾을까요? 조직적인 모임에 나가든 나가지 않든 진정한 공동체는 그 근원, 즉 삼위일체 안에서 찾아야 합니다. 아버지와 아들과 성령은 이 우주에서 가장 놀라운 교제를 누리시며 서로를 향한 그들의 사랑은 풍성하고도 완전하므로 놀랍게 생명, 영광, 신뢰, 진리를 나눌 수 있습니다. 이 일은 타락한 피조물 가운데 존재하는 우리가 가늠하기 어렵습니다. 그래도 우리는 이 공동체에 참여하도록 초대받았습니다. 예수님께서 그분의 제자들에게 말씀하셨습니다. "그 날에는 내가 아버지 안에, 너희가 내 안에, 내가 너희 안에 있는 것을 너희가 알리라"(요 14:20).

예수님께서는 우리를 삼위일체가 함께 나누는 관계 속으로 초청하셨습니다. 우리가 아버지, 아들, 성령을 의식하고 자라가며 그들이 서로 신뢰하듯 그분을 신뢰하고 사랑하는 법을 배우면 그 놀라운 교제를 경험하게 됩니다. 그 교제는 아버지, 아들, 성령의 사랑 안에서 쉬는 법을 배우며 우리에게 그분을 나타내실 때 그분께 주목함으로써 체험할 수 있습니다. 예수님께서는 제자들과 함께 길을 걷고 마리아와 마르다의 베다니 집에서 쉬시면서 공동체가 어떻게 이루어지는지 보이셨습니다.

우리가 신성한 교제 가운데 점점 더 안식을 얻을수록, 다른 사람과도 아주 자연스럽게 공동체를 나누게 됩니다. 우리 관계를 방해하며 가장하고 연기하도록 만드는 수치심은 점차 사라지게 됩니다. 그리고 우리는 사람을 더욱 긍휼히 여기며 더 자유로이 보살피게 됩니다. 당신은 사랑받기를 구하기보다, 다른 사람을 사랑하면서 공동체를 발견하게 됩니다.

우리는 대가 없이 먼저 거저 주는 사랑을 받기를 원합니다. 하나님은 사람들이 절대 반응하지 않더라도 그들을 사랑으로 감싸기 원하십니다. 그러나 그들이 반응해 다시금 당신에게 사랑의 길로 다가올 때 우정은 탄생합니다. 공동체는 우정에서 시작됩니다. 그리고 우정은 결코 빠르게 생기지 않습니다. 사람을 알아가고 이야기를 들어주며 우정이 되어가는 연대를 느끼는 데는 시간이 걸립니다. 또한 관계가 자랄 수 있도록 친밀함이 필요합니다. 우리는 너무나도 빨리 그룹을 만들면서 서로를 신뢰하려 애를 씁니다. 여전히 많은 이들이 너무나도 깨어진 채 어떻게 사랑하는지조차 모르는데 말입니다. 그래서 사람들이 이용당했다고 느끼거나, 경쟁 혹은 가십이 자리잡는 등 파괴적인 결과가 나타나기도 합니다.

어떤 사람은 너무나도 깨어진 나머지 당신으로부터 이익을 얻는 한 당신을 사랑하는 척하겠지요. 그리고 더 이상 얻어내지 못할 때 그들은 당신을 잘라낼 테고, 심지어 당신을 다른 사람에게 접근하기 위한 발판으로 삼으려 배반하기까지 합니다. 그런 일은 예수님께도 일어났습니다. 그러므로 우리에겐 그런 일이 일어나지 않을 것이라고 생각해서는 안 됩니다. 그럼에도 불구하고 사랑으로 세워가는 관계를 계속해서 탐색해 나가십시오. 그저 당신이 그분께 사랑받는 대로 계속해서 사랑하십시오. 때가 되면 당신은 이기심을 넘어 사랑하는 법을 아는 다른 사람과 함께 지내게 됩니다. 상처 때문에 자기 본위로 되돌아가지 마십시오. 악은 관계를 조각내기 마련이지만, 그분의 사랑은 우리가 다른 사람의 미성숙함을 압도하고 가능한 한 계속 사랑할 수 있게 하며, 그게 아니라면 그들을 지나쳐서 더욱 전진하도록 해줍니다.

우리와 다른 사람 사이에 관계는 함께 안전하게 삶의 여정을 탐색할 수 있는 정도 이상으로 더 깊이 들어갈 필요는 없습니다. 우정은 얻는 것이지 의무는 아니니까요. 건강한 공동체라도 기복이 있기 마련입니다. 우리가 타락한 세상 속에 사는 만큼이나 공동체에 나타나는 현상 역시 결함이 있습니다. 다른 이들이 언제나 똑바로 이해하리라 기대하지 말고, 스스로에게도 요구하지 마십시오. 우정은 많은 용서와 인내를 겪고 나서야 시간에 따라 성장합니다. 진정한 공동체에서는 올바름을 고수하거나 다른 사람을 우리 기대에 맞게 고치려는 노력보다도 서로 사랑하는 일이 더 중요합니다.

공동체란 우정과 관계있으며 우리의 생활, 일, 놀이 등 모든 삶을 향상시킵니다. 우리 친구들이 다 예수님의 제자일 필요는 없습니다. 다른 사람을 돌보고 그들의 보살핌을 받으면서 당신은 하나님의 왕국을 나눌 옥토를 내어줍니다. 당신이 그들에게 은혜를 끼치면 많은 사람이 당신이 아는 하나님을 알게 될 테고 우정은 깊어 갑니다.

공동체는 하나님께서 당신에게 주시는 우정에서 나옵니다. 당신이 그 우정을 베풀면 당신 주변으로 친구의 친구들로 엮인 살아있는 관계망이 나타나게 됩니다. 일부는 지역적 관계일 테고, 다른 관계는 더 멀리서도 나오게 됩니다. 내가 친구에게 주는 최고의 선물은 또 다른 친구를 소개해주는 일입니다. 서로 연결된 친구 관계가 자라나고 또 다른 관계와 겹쳐지면서 하나님의 교회는 마치 화려하게 수놓은 직물처럼 세상에 드러납니다.

공동체는 살아가는 방법입니다. 우리는 친구를 위한 시간과 새로운 사람을 사귈 공간을 마련해야 합니다. 그리고 그들에게 무엇을 바라기보다 단지 있는 그대로 사랑해주는 법을 배워야 합니다. 이 여정에서 우리는 혼자가 아닙니다. 교회를 지어가는 일은 예수님께서 하시며, 그 가운데 우리 위치를 보여주는 일은 성령님께서 하십니다. 그분의 교회와 관계를 맺고 관여하기란 분명 도전적인 일입니다. 그렇지만 그 열매로 당신은 뻗어 나가는 우정을 경험하며, 삶 가운데 예수님 안에서 지혜, 치유, 위안, 기쁨을 얻게 됩니다.

14

부담이 아닌 초청입니다

소위 "체념자"의 대탈출에 관한 연구가 발표된 직후, 나는 전통 교회를 떠나는 사람을 조사한 통계 발표에 패널로 참가해 더는 교회를 기관으로 보지 않는 이들과 함께 한 경험을 나누도록 초청받았습니다. "미래 교회의 지도자 모임"이란 그 모임은 많은 사람이 전통 교회를 떠나는 가운데 통계상 그들이 돌아올 가망은 희박한 현실을 놓고 고심하는 목회자를 돕기 위해 열렸습니다. 목회자가 답을 듣기 원한 질문은 이것이었습니다. "어떻게 하면 지금 남은 사람들마저 떠나지 못하도록 막을 수 있을까?"

용기 있는 시도지만 안타깝게도 모임의 초점은 프로그램을 개조하는데 머물렀습니다. 즉 찬양을 더욱 감각적이고 상호 반응하도록 만들자, 설교를 더 짧게 하자, 다른 사람의 이야기를 더욱 엮자(지루한 부분을 편집할 수 있도록 동영상으로),

더 유연하게 의사결정을 하자 등의 이슈에 중점을 뒀습니다.

한 세션에서는 사람을 교회 건물로 끌어오도록 힘쓰는 대신 그들이 있는 곳을 향해 나아가도록 돕는 혁신적인 새 프로그램까지 다루었습니다. 그 프로그램은 조짐이 좋았습니다. 다섯 명의 발표자 모두 하나님에 관해 무관심한 사람을 향해 다가가기 위해 얼마나 열정을 지니고 있는지에 대해 눈길을 끄는 이야기로 시작했습니다. 각자는 그런 열망을 하나님 앞에서 상당 기간 품었고 하나님께서는 그들에게 임무를 주셨으며 놀라운 열매도 거뒀습니다. 이 이야기는 고무할만한 가치 있는 과정이라고 보일 것입니다. 그런데 모든 발표자는 이야기 끝에 그 결과로 만든 프로그램을 목사님에게 판매하려 애썼습니다. 하나님께서 아름답게 이루신 일을 취해 그들은 복제 가능한 프로그램으로 체계화해 책 속에 넣고 새로운 시스템으로 판매하며 그분이 하신 일을 완전히 지워버렸습니다.

놀랍게도 아무런 세션도 이 대탈출 현상 가운데 하나님이 계신지, 그렇다면 우리가 어떻게 동참하고 맞이할 수 있을지 묻지 않았습니다. 모두가 '체념자의 출현'을 나쁜 소식으로 보고 다시 한번 프로그램을 바꿔 고쳐야 한다고 생각했습니다. 내 경험으로 미루어 볼 때 전통 교회를 포기한 사람들은 더 나은 프로그램이나 시스템을 찾지 않는다고 장담합니다. 그들은 프로그램 모두가 오래가지 못하며 기대보다 열매가 적다는 사실과, 하나님과 그분의 교회와의 더욱 진정한 관계로 이끌기보다는 계속 유지해야 하는 시스템을 만들어내고 표면적인 것에 머무를 수밖에 없다는 사실을 발견했습니다. 우리는 새로운 프로그램을 찾아내려 하기보다 하나님을 알고 그분의 길을 걷기를 갈망하는 심령의 더욱 깊은 외침에 응답할 수가 있습니다.

그런 방향으로 봤을 때 프로그램 자체가 문제의 일부입니다. 그것은 단지 얄팍한 실제만 세워주고는 결국엔 실패로 돌아가고 맙니다. 그리고 또 프로그램은 부담거리입니다. 누군가 우리가 믿어야 할 신조, 지켜야 할 의례, 또는 따라야 할 커리큘럼을 만들어 다른 사람에게도 지키게 하며 종종 의무와 죄책을 통해 사람을 다루는 상벌 시스템도 동반됩니다. 그런 시스템은 의도가 얼마나 좋든지 간에, 놀라운 삶의 모험에 인위적 구조를 외부로부터 강요하려는 시도에 불과합니다. 시스템은 하나님의 생명으로 사람을 이끌기보다는 도리어 멀어지도록 만듭니다. 왜냐하면 그것으로는 하나님의 생명을 이해하거나 약속한 열매를 맺게 하지 못하기 때문입니다.

그래서 예수님께서는 제자들에게 다른 사람과 나눌 교리 목록, 의례나 제자도 문제집을 주지 않으신 걸까요? 대신 예수님은 하나님의 사랑과 능력이 제자의 내면에서 역사하는 보다 뛰어난 왕국을 말씀하셨습니다. 예수님은 제자들에게 몸소 본을 보이시고 하나님의 왕국에 어떻게 동참할 수 있는지 알려주시며 몇몇 사람을 동일한 실재로 초대하셨습니다. 그분은 외부의 영향력에 따라 사는 시스템을 두지 않으셨습니다. 그보다 그들이 내부로부터 어떻게 하나님의 실재와 연결돼 자유로이 그분을 따르는지 다시 생각하도록 도우셨습니다. 제자들이 어떻게 아버지의 사랑 안에 살면서 그 사랑을 다른 사람과 자유로이 나누는지 배우는 데만 삼 년이 넘게 걸렸습니다.

어쩌면 이 사실이 주는 가장 큰 교훈은 하나님의 생명은 의무로 부과될 수 없다는 점입니다. 의무는 종교의 산물일 뿐입니다. 당신이 사람에게 시스템을 따르고 진정한 교리를 고백하도록 만들 수는 있습니다. 그러나 그들의 심령에 변화가 없으면 하나님과 연결돼 점점 더 생명과 자유를 향해 이끄는 궤도를 결코 발견하지 못합니다. 성육신은 하나님이 단지 모래 위에 선 하나 긋고 우리에게 넘어오라고 하시지 않았다는 것을 가르쳐줍니다. 그분은 우리가 실질적으로 의심, 두려움, 거짓 가운데 길을 잃었을 때 예수님께서 나타나 보이시고 그분과 관계가 자라나면서 변화하는 과정으로 우리를 초청하셨습니다. 그런 과정이 없다면 사람은 단지 스스로 공허와 싸우다가 나가떨어질 때까지 최선을 다해 흉내 낼 따름입니다.

그런 좌절은 오늘날 하나님을 향한 갈망이 여전히 자라지만 종교 시스템을 포기하는 사람 가운데서 많이 일어납니다. 그들은 수년 동안 요구받은 일을 모두 수행했지만 약속받은 하나님 안의 생명은 찾지 못했습니다. 그들은 실패한 시스템과 홀로 분투하는 줄로 생각했지만, 이제야 혼자가 아니란 사실을 발견했습니다. 그들은 어딘가 무엇인가 더 있다는 사실을 알게 되어 찾아 나서기로 결단했습니다. 그리고 또 다른 프로그램으로는 발견할 수 있으리라 기대하지도 않습니다. 그래서 많은 사람이 떠나고 있으며 나는 그 열정에 박수를 보냅니다. 우리는 계획되어 만들어진 프로그램과 모두에게 맞지 않아도 무조건 찍어내는 제자양육 과정을 충분히 거쳤습니다. 이런 과정을 견디고 남은 교인은 굳이 프로그램을 뜯어고치려 들지는 않겠지만, 사람들이 우리 믿음의 배후에 실존하는 하나님을 발견할 수 있도록 돕기 위해 더욱 아량 있는 방식을 모색할 것입니다. 그들은 '체념자'를 실족한 형제자매로 보지 않고, 하나님께서 설계하고 지으시는 도성을 찾기 위해 미지의 바다를 향해 나선 믿음 안에 동료로 볼 것입니다.

제자도란, 외부로부터 행동하고 생각하는 방식을 부과하는 것이 아니라 오직 갈급한 심령으로 초대받았을 때라야 움직일 수 있습니다. 그러므로 새로운 프로그램을 가져오고, 또 다른 커리큘럼을 쓰며, 의식을 따르도록 강요하는 데 시간을 쓰기보다는 갈급한 사람 곁에서 이미 일하고 계신 하나님을 발견하도록 돕는 편이 낫습니다. 우리는 하나님께서 이미 마음에 두신 바를 그들이 인식하고 따르도록 격려할 수 있습니다. 그분의 생명은 발견해 나갈 여정이지, 끝마칠 프로그램이 아닙니다.

"내게로 오라." 하시며 예수님께서 손 내미셨습니다. 그분은 초청하셨습니다. 원한다면 오십시오. 의무는 소용이 없습니다. 그분과의 관계에 내어드리십시오. 그 관계가 삶에서 당신의 생각과 다른 사람에게 반응하는 방식 모두를 새롭게 세웁니다. 당신이 단지 좋은 생각의 목록을 따르기보다 실제로 다르게 살아갈 수 있도록 심령 속에서 자라는 데는 시간이 걸립니다. 그런 식으로 하나님을 만난 사람은 그 만남을 대체할 프로그램이란 없다는 사실을 압니다. 고정적인 프로그램에 싣기에 삶은 너무나도 다양하고 우리 각 사람도 너무 독특합니다.

만약 그분께서 각 사람의 마음 가운데 해결하기 원하시는 문제가 있다면, 우리가 도울 가장 좋은 방법은 또 다른 세미나나 모임을 여는 것이 아니라 그의 곁으로 다가가 각자 안에서 예수님께서 이미 시작하신 역사를 보도록 돕는 일입니다.

그 초청에 자유로이 반응하는 사람은 이 세대에 나타나는 교회의 미래를 빚어나가는데 기여하게 됩니다.

15

설교를 과신했습니까?

어느 화요일 오후 나는 한 좋은 친구와 점심을 하려고 함께 앉았습니다. 당시까지만 해도 나는 지역 교회에서 목회를 하고 있었습니다. 친구가 이틀 전 들은 내 설교에 관해 너무나도 흥분을 표출해버리는 바람에 우리는 주문조차 하지 못하고 있었습니다. "내가 들은 설교 중 최고였어. 내 인생을 바꿔버렸다니까."

나도 그 날 설교가 잘 풀렸다는 사실을 알았습니다. 누구라도 설교하는 사람이라면, 어떤 설교는 그럭저럭 괜찮고, 또 어떤 때는 내용, 회중, 탁월한 예화에 성령의 역사까지 모든 요소가 더해져 믿을 수 없을 정도로 특별한 설교가 된다는 것을 압니다. 그때도 그런 경우긴 했지만, 그래도 나는 인생을 바꾸었다는 그의 말에 호기심이 동했습니다.

"정말? 어떻게 바뀌었는데?"

즉시 나는 그 질문이 친구의 허를 찔렀다는 사실을 알 수 있었습니다. 그의 눈에는 당황한 기색이 역력했고 입에선 "어… 어… 음…"이란 소리만 나올 뿐이었습니다. 그는 입술을 꾹 다문 채 턱 앞으로 주먹을 흔들어댔지만 할 말을 하나도 생각해 낼 수가 없었습니다.

나는 다시 물었습니다. "그 설교에서 얻었던 내용 하나만 말해줄 수 있겠나?"

"생각 좀 해 볼게." 그는 시간을 벌면서 말했습니다. "뭐라고 말했는지 내게 다시 떠올려 줘봐."

"아, 그러면 안 되지." 나는 장난스럽게 답했습니다.

"최소한 본문 말씀 구절이라도 줘봐." 그는 사정했습니다. 나는 고개를 흔들었습니다. 잠시 침묵 끝에 우린 둘 다 웃음을 터뜨렸습니다. 그는 최고의 설교를 들은 지 단 48시간 만에 무슨 내용이었는지 기억조차 못했습니다.

그 순간이 내 인생에서 나를 깨웠습니다. 나는 설교하는 일을 사랑했으며 내 설교를 항상 고대하는 사람도 많이 있었습니다. 재미있는 이야기에 회중이 웃음을 터트린다거나 무언가 감동받았을 때 눈물짓는 모습이 좋았습니다. 나는 내 친구가 아부하지 않는 스타일이라는 것을 압니다. 그는 칭찬만큼이나 비판도

곧잘 했기 때문입니다. 그 날 설교는 그를 몹시 감동시켰습니다. 비록 지속되지는 못했지만 말입니다.

나는 이미 그때부터 주일 설교가 영적 성장에 가장 비효율적인 방식일지도 모른다는 의심을 키웠습니다. 이전에도 나는 좋은 설교가 듣는 사람에게 아무런 영향도 주지 못하고 스쳐가는 현상을 봤습니다. 내게는 이제까지 들은 가르침과 설교로 가득 찬 바인더가 있었고 좀 더 인상적인 일부 내용은 되뇔 정도지만, 실질적으로 어느 것도 내 삶의 궤도에 변화를 주었다고 할 만한 설교는 없었습니다.

이상하지 않습니까? 설교는 사람들이 주일 예배에 출석하는 양대 요인 중 하나입니다. 첫째는 많이들 경배라 말하는 노래, 기도, 찬양 혹은 성찬식을 하는 시간이고 다른 한 부분이 설교입니다. 이 둘은 진지한 그리스도인이라면 누구나 정기적으로 참여한다고 대부분 생각합니다. 그런데 정작 그리스도께서는 둘 중 하나라도 행하시는데 얼마나 시간을 들이셨을까요? 그분께서 제자들에게 어떻게 좋은 '경배'를 경험하도록 돕는지 혹은 강력한 설교문을 작성할 수 있는지 가르치신 적이 있습니까?

어쩌면 우리는 설교를 지나치게 믿었는지도 모릅니다.

복음서로 되돌아가면 나는 그분께서 실제로는 설교를 별로 하지 않으셨으며 하더라도 듣는 이에게 그다지 영향을 미치지 못했다는 사실에 놀랍니다. 그분의 설교 중 무엇도 사전에 정해지지 않았습니다. 그분은 단지 마주치는 누구에게나 이야기하셨습니다. 정오에 본 사마리아 여인이든 그 후 밤에 만난 그녀의 지인이나 가족이든지 말입니다. 혹은 배 위의 제자들에게나 언덕에 흩어진 오천 명에게도 말씀하셨습니다. 그러나 그 말씀엔 절대 미리 준비한 원고나 강의안이 없었습니다. 또는 사람들이 바로 가서 순종할 수 있도록 적용점을 잘 짜 매끄럽게 끝맺지도 않았습니다.

그분은 아버지의 왕국에 관해, 그리고 어떻게 왕국을 받아들일 수 있는지 이야기하셨습니다. 그분은 교리, 윤리 혹은 의식을 가르치기보다 사람들이 당면한 어려운 현실 가운데 어떻게 하나님과 함께 살아갈 수 있는지 발견하도록 도우셨습니다. 사람이 가장 변화하는 순간은 개인적인 대화 가운데 나오며 설교, 세미나, 수업에 몰두해 봤자 넓기만 하고 깊이는 없다는 비난받는 기독교만 만들어내고 만다는 현실은 그리 놀라운 일도 아닙니다.

최근 리차드 로어Fr. Richard Rohr는 이렇게 썼습니다. "그리스도인은 예수님께서 절대로 말씀하신 적이 없는 말을 더 듣기 좋아합니다. '나를 경배하라.' 예수님을 경배하는 일은 차라리 아무런 위험성이나 피해가 없습니다. 예수님을 따르는 일이야말로 그 모든 것을 변화시킵니다." 이어 그는 주일 가르침이 마치 성직자와 평신도가 제단을 사이에 두고 악수를 나누는 비밀 계약과 같다고도 제시합니다. 우리는 당신을 불편하게 할 만한 아무런 말도 하지 않을 것이니 당신도 우리 예배에 계속해서 나와 주십시오. 그것은 멋진 거래입니다. 왜냐하면 일단 진짜 복음이 설교되면 교회가 채워질지 의심스럽고, 어쩌면 우리는 복음 메시지를 살아내며 거리로 나가야 할지도 모르니까요. 이와 같은 성직자와 평신도 사이의 암묵적 관계를 가리켜 그는 실제로 복음이 세계에 전파되지 못하도록 막는 공동 의존적 관계라고 명명했습니다.

주로 이런 이유로 많은 사람이 주일 아침 예배 참석을 포기하고 있습니다. 교회는 점점 더 영적인 삶과는 무관한 내용을 제공하고 있습니다. 좋은 가르침이라면 다른 데서도 얼마든지 얻을 수 있습니다. 주일 아침에 사람들에게는 더욱 열심히 노력하라는 격려 연설보다도 그들 자신의 여정과 관계있는 교류가 더욱 필요합니다. 사람들은 설교 때마다 들은 약속을 이룰 수 있는 살아있는 영성을 추구합니다. 그 영성을 발견하도록 돕기 위해 우리는 강의와 책을 넘어서서 예수님께서 사람들과 가졌던 종류의 만남을 향해 움직여야 합니다.

나는 열일곱 살 때 비행면허를 땄습니다. 항공학교에 다니며

항공역학, 항법, 날씨, 항공교통관제에서부터 시작해 어떻게 균형 있게 짐을 싣는지 등 온갖 복잡한 내용은 다 배웠지만 절대로 나는 법은 배우지 못했습니다. 그래서 실제로 비행하는 방법을 보여줄 강사와 함께 비행기에 올라탔습니다. 그런 일은 절대로 교실 안에서 일어날 수 없습니다. 지도 교사와 함께 실습해야 합니다.

그러니까 나는 설교에 가치가 없다고 말하지는 않습니다. 다만 그 가치가 제한적일 뿐입니다. 설교는 귀중한 정보와 영감을 제공할 수는 있지만, 영적 변화에 미치는 영향은 비교적 미미하며 매주 같은 음성을 듣는데 익숙해진 사람에게는 더욱 그렇습니다. 사람들은 설교가 정보와 영감을 주고 심지어 즐겁다고 느낄 수도 있겠지만, 궁극적으로 어떻게 살아야 하는지는 설교를 통해 보여줄 수가 없습니다. 왜냐하면 그들에게는 하나님과 자신의 관계를 탐색하면서 경험과 의문, 심지어 의심까지도 나눌 수 있는 더욱 성숙한 친구가 필요하기 때문입니다.

단지 설교를 듣고 받아 적기까지 하면서 적용하려고 노력하는 일은 아버지의 사랑 안에 살아가며 그분을 따르는 법을 찾는 데 아마도 가장 비효율적인 방법일지도 모릅니다. 나는 가르침과 전도의 90%가 질문하고 의심해 보며 어려운 현실을 숙고하는 대화 가운데 일어난다고 확신합니다. 내가 말을 꺼내기 전에는 사람들이 생각조차 않던 주제에 대해 3대 개요를 따라 요약해 준다고 해서 그리스도의 생명이 잘 흘러가지는 않습니다. 예수님께서는 그들에게 "생명으로" 오셨는데 강단의 안일함 가운데 생명은 머지않아 사라져 버렸습니다. 그분의 실재 안에 살아가는 것을 배우는 일이란 종교로서 기독교의 일상을 익히는 일과는 판이하게 다릅니다.

그렇습니다. 나는 여전히 큰 모임에서 이야기하지만, 강의보다는 훨씬 작고 대화보다는 큰 범위 내에서 그들의 때에 맞게 경험을 통해 배우도록 해 줍니다. 그들의 의문, 의심, 분투는 무엇인지? 또 하나님께서 직접 나타내시는 계시를 받을 수 있도록 더욱 넓은 세계로 그들을 끌어주려면 어떤 식으로 질문하고 권면할지? 이제 나에게는 자동차나 집에서 사람들과 보내는 시간이 강단 위에 서 있을 때보다도 훨씬 더 귀중해졌으며 그 영향력 역시 더욱 강력해졌습니다.

이런 유의 가르침이 나를 사로잡았습니다. 아, 그 일은 내가 선택한 주제에 관해 강의를 준비하는 일보다도 더욱 어렵습니다. 형식적인 대답이 아니라 그 순간 그들에게 맞는 반응을 해주려면 성령님께 더 민감하게 조정되어 그들의 이야기나 걱정을 주의 깊게 들으면서 관계를 맺어야 합니다. 결국 예수님의 생명은 사람들에게 일련의 교리를 가르쳐 주는 일이 아니라, 그들이 그분의 생명을 점점 더 의식해나가는 가운데 살아가는 길을 발견하도록 돕는 일과 관련 있습니다.

설교는 모든 질문에 잘 만들어진 답이 있다는 잘못된 생각을 안겨줍니다. 그러나 그 오해는 우리가 미리 정해놓은 대답에 맞춰 질문도 설정해버리기 때문입니다. 그런 설교는 부지불식간에 진정한 질문을 통해 다른 사람과 관계 맺지 못하도록 겁먹게 만듭니다. 틀에 갇힌 형식 안에서는 실질적인 대화가 일어나지 못하기 때문입니다. 강의는 우리 안에 있는 예수님의 신비에 동참하는 놀라운 모험을 함께 할 동료보다는 모두가 그의 말을 들어야만 하는 전문가를 만들어냅니다.

실은 설교를 하는 그 사람이야말로 그것으로부터 가장 큰 가치를 얻는지도 모릅니다. 설교는 보통 설교자의 생활과 밀접하며 그들 자신의 여정에서 중요한 내용을 놓고 씨름합니다. 그러나 우리가 다른 사람을 섬기고자 한다면 그 반대가 돼야 하지 않을까요? 우리 삶에 중요한 내용을 나누기보다는 그들이 가장 크게 느끼는 문제로 그들을 도와야 할 것입니다.

단지 가르침을 나누기 위해 연구하고 또 다음 설교를 준비하러 서둘러 돌아가면, 자신의 삶조차 그 교훈이 깊이 스며들 시간이 없는데 하물며 다른 사람에게는 어떻겠습니까? 나는 내 자신의 여정에서 새로운 주제를 많이 나누었지만, 내가 가르친 그 실체를 미처 소화하지도 못한 채 바로 또 다른 관심거리로 옮겨 갔던 기억이 납니다.

우리가 설교에 몰두하는 배경에는 진리를 듣고서 삶에 적용할 때 가장 잘 성장한다는 가정이 깔려있습니다. 그런 관념은 컴퓨터 프로그램 코딩을 하거나 집을 청소할 때나 적용 가능할 진 몰라도 사람들에게 예수님을 어떻게 따르는지 가르쳐주지는 못합니다. 그렇기 때문에 그들은 펼쳐지는 환경 가운데 하나님과 만나야 하고 그분의 실재에 의지할 수 있게 해 줄 통찰이 필요합니다. 우리에게는 성경 그 자체에 대한 설교가 더 필요하지 않습니다. 그보다는 사람들이 자신의 삶 가운데 직접 예수님을 보고 따를 수 있도록 돕기 위해 그분에 관한 설교가 더더욱 필요합니다.

우리에게는 외부에 의존하지 않고 스스로 그 생명을 살아내는 형제자매들이 필요합니다. 대화를 통해 그 생명을 다른 사람들에게도 자유로이 전해줄 수 있는 이들 말입니다. 우리가 지역 교회 중심과 영적 성장의 초점으로서 주일 설교만을 강조한 결과 학문적으로 설교를 가르칠 수 있는 차세대를 계속 양육해냈지만, 누군가의 영적 여정에 동반자로서는 잘 준비시키지 못했습니다. 그들은 윤곽을 잡아 글을 쓰고 달변으로 이야기할 수는 있지만, 인생이 내던지는 환경 한가운데서 누군가에게 변혁적인 관계를 발견할 수 있도록 어떻게 도울지는 전혀 모릅니다.

이 같은 접근 방식을 설명하기 위해 영적 감독이란 오랜 단어가 지난 수십 년 동안 다시 떠올랐습니다. 이 말은 전문성과 관리에 지나칠 정도로 중점을 두며 종종 부유하고 인맥이 잘 형성된 사람들 가운데서만 사용됩니다. 권위나 관리자의 제지 없이 한동안 여정 가운데 있던 나이든 형제자매가 그들의 격려와 지혜를 기꺼이 나누려 한다면 어땠을지 상상할 수 있습니까? 당신이 할 일은 누군가의 곁에 친구로 다가가 당신의 여정과 통찰을 나누면서 성령님께서 직접 그들을 도우셔서 가장 좋은 여정을 보이시도록 내어드리는 것입니다.

서구 교회는 지식이 부족해서가 아니라 그분을 잘 알지 못하고 그분으로 인해 변화 받지 못하므로 시들고 있습니다. 우리는 사람들이 자유로이 살도록 돕기보다는 그리스도를 따라야 할 종교로 가르칩니다. 종교는 공허하고 헛될 뿐입니다. 초기 교회에도 동일한 문제가 있었습니다. 바울은 그리스도를 따르는 일이 공허하고 헛되지 않다는 사실을 교회가 알게 되길 바랐습니다. 골로새서 2장의 권고는 옛 성도와 마찬가지로 오늘날도 적용할 수 있습니다.

여러분을 향한 나의 조언은 단순명료합니다. 당신이 받은 대로 그저 계속 나아가십시오. 여러분은 예수 그리스도를 주로 받아

이제 그분으로 삽니다. 여러분은 그분 안에 깊이 뿌리박았습니다. 여러분은 그분 위에 잘 건축됐습니다. 믿음에 관하여 당신은 스스로 길을 압니다. 이제 가르침 받은 대로 행하십시오. 학교는 끝났습니다. 대상에 관한 공부는 그만두고 그것으로 살아가십시오! 그리고 당신의 삶이 감사로 넘치게 하십시오. 거창한 말과 지적 궤변으로 여러분을 현혹하려 드는 사람들을 조심하십시오. 그들은 결코 어디에도 도달하지 못하는 끝없는 논쟁으로 당신을 끌어내리기 원합니다. 그들은 인간의 공허한 전통과 영적인 미신으로 그들의 생각을 퍼뜨립니다. 그런 유는 그리스도의 길이 아닙니다. 하나님에 관한 모든 것이 그분 안에서 나타납니다. 당신이 하나님을 명확히 보고 들을 수 있도록 말입니다.

복음의 능력은 우리 프로그램이나 강의가 아닌, 세상에서 자유로이 살아가는 변화된 삶 가운데 나타납니다. 우리가 바로 세상이 필요한 설교이며 그 설교를 통해 다른 사람들이 그분을 알아가도록 돕습니다. 단지 그분에 관해 말하는 일보다 그분 안에 사는 우리 삶이 차이를 만들어냅니다.

Beyond Sundays

16

가장 중요한 대화

35년 전에 나는 목회자 모임에 참석해 사역에서 언제 가장 살아있다고 느끼는지 토론했습니다. 내가 대답하는 데는 오래 걸리지도 않았습니다. 그 순간은 내가 강단 끄트머리에 서서 성경을 손에 들고 고조된 목소리로 말씀을 풀어내며 입에서 말들이 폭포수같이 쏟아져 나오는 때였습니다. 사람들이 내 말에 따라 배를 잡고 웃거나 내가 나눈 통찰에 감동해 눈물짓는 등 청중이 내 손 안에 있다는 사실에 신났습니다.

당시에 나는 이십 대 중반이었을 뿐이므로 나의 무지에 양해를 바랍니다. 오늘날 같으면 같은 대답을 하진 않겠습니다. 뒤돌아보면 그때 나는 듣는 사람을 향한 섬김보다 얼마나 나 자신의 필요에 깊이 이끌렸는지 이제는 압니다. 지금 내 최고의 기쁨은 누군가에게 문을 열어주어 더욱 큰 실재를 들여다보게 해주고 그들의 마음으로 들어가는 빛을 바라보는 일입니다.

　나는 큰 강단에서도 설교해 봤고, 거실에 앉아 30~40명 정도와 대화를 나눠본 적도 있었습니다. '사역'에 빠진 대부분의 사람은 무대를 추구하며 청중은 많을수록 좋습니다. 우리는 그렇게 성공을 평가했습니다. 솔직히, 사전에 계획된 설교를 전하는 편이 뜻밖의 주제 변동과 어려운 질문이 돌발하는 자유로운 대화의 기복보다는 훨씬 더 쉽습니다.

　그렇지만 만일 당신이 배우기 원하는 사람과 함께 있다면 거대한 청중 가운데 일부가 되겠습니까, 아니면 함께 식사를 하면서 대화를 나누겠습니까? 내가 만약 유명한 프로 골퍼로부터 레슨 초청을 받는다면 스타디움에서 대형 비디오 스크린으로 그를 보느니, 나 혼자서만 그와 함께 골프 연습장을 거닐고 싶습니다. 그 수업이 얼마나 다르겠습니까! 무대에서 골퍼는 일반적인 이야기를 할 테고 몇 시간 뒤엔 모두 다 골프 코스에서 똑같은 기술을 시도해 보고는 더 이상 그 레슨을 기억하지도 않을 테지요. 만약 우리 둘뿐이라면 그는 나의 스윙을 봐주고 내 문제에 귀 기울이며 내가 즉시 시도해 볼 만한 해법을 주겠지요.

　지난 40여 년 동안 나는 이 여정에서 다른 사람을 가르치고 돕는 일에 관한 생각에 소중한 변화를 겪었습니다. 처음에 나는 설교나 팟캐스트, 출판을 통해 내가 모르는 거대한 청중에게 강연하는 데서 성공과 효율을 찾을 수 있다고 생각했습니다. 지금은 내가 알아가는 사람과 함께 나누는 대화 가운데서 가장 변혁적인 순간이 온다는 사실을 압니다.

지난 이십여 년간 겪은 여정에서 특히 대화의 규모가 더욱 작고 상호적일수록 그 열매 역시 더 오래간다는 사실을 깨닫게 됐습니다. 이제 나는 모임 전후에 일어나는 관계가 다른 사람에게 가장 영향을 미친다는 사실을 압니다. 차를 타고 가거나, 함께 앉아 식사를 하거나 또는 개인적으로 질문에 답하기 위해 잠시 멈추는 것이 더 큰 영향을 줍니다. 그래서 나는 호텔보다는 가정에 머물기를, 강연 예약보다는 대화를 더욱 반깁니다.

이제 나는 복음서를 읽을 때 예수님께서 군중을 향한 가르침보다도 개인적인 관계에 더욱 많은 시간을 쏟아부으신 사실이 쉽게 보입니다. 그분은 바리새인과 대화하셨습니다. 그분은 그들과 논쟁을 벌이지 않으셨습니다. 그분은 그들의 집뿐 아니라 그 친구의 집에도 가셨습니다. 그분은 갈릴리를 건너는 배에서 왕국의 실재를 나누셨고, 사마리아 우물가에 앉았을 때도 그러셨습니다. 거대한 군중이 길에서 그분의 주목을 끌고자 했을 때 그분은 점심을 함께 하자고 삭개오를 부르셨습니다.

물론 예수님께서 대규모 군중을 향해서도 역시 말씀하셨다는 사실은 나도 잘 알고 있습니다. 군중이 나쁘다는 의미가 아니라, 다만 사람들에게 아버지의 생명을 받아들이도록 돕는데 가장 효과적인 방식은 아니라는 뜻입니다. 그래서 나는 대규모 혹은 소규모 관계에서 하는 일에 관해 많은 생각을 하게 됐습니다. 거시 관계에서는 모임에서 발표, 책 출판 또는 웹사이트 콘텐츠나 팟캐스트 제작 혹은 기타 녹화 등이 있습니다. 나도 그런 일을 많이 합니다. 왜냐하면 내가 즐기기도 하고 그런 통로로 세상에 정보를 전하는데 부름 받았다고 느끼기 때문입니다. 그러니까 나는 거기에 반대하지 않습니다. 단지 그 일이 얼마나 제한적인지 깨달을 뿐입니다.

비록 예수님께서 군중을 향해서도 말씀을 하셨지만, 그분은 그들을 찾지도 모으지도 않으셨습니다. 그분은 아무런 모임도 조직하거나 홍보하지 않으셨습니다. 그들이 그분을 찾아왔습니다. 그런데도 군중 가운데 많은 이들은 예수님을 제대로 알지 못하고 아무런 관계도 없이 그분을 떠났습니다. 예수님께서는 제자 같은 사람들과 더욱 많은 시간을 보내면서 그들이 놓쳤던 내용을 배우도록 도와주셨습니다. 나의 여정 가운데 발전의 가장 결정적인 순간은 강의가 아닌 개인적 관계로부터 나왔습니다.

무조건 큰 군중은 나쁘고 작은 모임이 좋다는 이야기는 아닙니다. 그리고 양자택일할 논의도 아닙니다. 우리는 둘 다를 위한 공간을 마련할 수 있습니다. 아무리 예수님의 생명의 실재가 대형 모임보다는 테이블의 대화에서 더욱 잘 전해진다고 인정한대도 말입니다. 내가 걱정하는 문제는 너무나도 많은 이들이, 특히 사역을 갈망하는 사람들이 이미 아는 사람들과 대화 가운데 성장하기보다 강연, 출판 등 낯선 청중을 늘리는데 더욱 시간을 들이며 거시적 관계를 추구한다는 사실입니다. 그들은 스스로 영향력을 확대하기 위해 신경을 씁니다. 플랫폼을 구축하고 강연 예약을 놓고 다투며, 전문가로서 호응을 얻으려고 책이나 팟캐스트를 찍어냅니다. 이미 그들이 가진 관계 가운데 왕국을 나눌 기회가 가장 큰데도 말입니다. 그런 일에는 재능 있는 작가나 유창한 강연자뿐만 아니라 모두가 뛰어듭니다.

그리고 만일 거시적 세계에서 우리의 자리가 개인적인 삶에서 비롯되지 않는다면, 자칫 왕국의 실재가 쉽게 왜곡되는 환경을 만들어낼 수 있습니다. 영향력을 갖고 싶은 유혹은 우리의 자아나 주머니를 채워줍니다. 많은 사람들이 무대의 조명과 인기에 현혹되어 영향력이 큰 사람은 대단하고 그들의 말이 곧 하나님의 마음을 나타낸다는 잘못된 인식을 맹신합니다. 그렇지만 정말로 그럴까요?

나는 잘 모르겠습니다. 거시적 대화는 잘못된 실체에 가치를 둡니다. 즉, 지혜로운 현자보다도 젊은 엔터테이너를, 주님의 종보다도 힘 있는 기업가를, 정직하고 열린 대화의 순수성보다도 군중 장악력을 더 중시합니다. 즉, 연사의 진정성보다도 잘 만들어진 허상을 더 높이 삽니다. 청중은 앞에 있는 사람에 관해 실제로 알지 못합니다. 오직 그들이 만들고 싶은 허상을 알 뿐이며 그들 사이에 관계는 거의 없습니다.

멀리 갈 것도 없이 빌 코스비Bill Cosby에 대한 혐의만 봐도 알 수 있습니다. 그는 수십 년 동안 무대 위에서 유머와 통찰로 존경받은 남성이었음에도 도움을 청한 많은 여성을 성적으로 이용하려고 유명세를 악용했습니다. 우리가 모른다는 그 사실 자체가 모든 것을 말해줍니다. 즉 우리가 무대와 그 위에 서 있는 인물에 관해 아는 것이 얼마나 적은지 말입니다. 나는 한 유명 크리스천 작가를 만났는데 그는 이혼 절차 중 여자친구와 동침했습니다. 나는 그에게 현재 생활과 그가 쓴 글 사이에 아무런 갈등도 겪지 않는지 물었습니다. "오, 당신은 내가 쓴 대로 살아야 한다고 생각합니까?" 그는 마치 내가 다른 별에서 오기라도 한 듯 물었습니다. "그렇지 않습니다. 나는 기독교 시장에서 한 작가일 뿐입니다. 이 일은 나의 생계유지 수단입니다. 나는 사람들이 듣기 원하는 글을 쓰는 법을 알거든요."

어떤 사람의 공식적인 가면이 개인적 삶과 불일치한다는

사실을 발견하고 실망했을 때가 얼마나 많습니까? 앤 라모트는 이렇게 썼습니다. "내가 아는 사람 중 가장 타락하고 거의 사악한 사람은 모두 다 베스트셀러 작가였습니다." 내가 만난 사람 중 가장 비관계적인 사람들은 관계에 관한 책을 쓴 작가였습니다. 누군가 배우자, 직원 등 주변 사람을 대하는 방식을 지켜보면 그들이 무대에서 나누는 그 무엇보다도 그들에 관해 훨씬 더 잘 말해줍니다.

  무대에 오르는 사람이라고 해서 모두가 거짓은 아닙니다. 진실 되고 동정어린 음성을 건네는 이들도 있지만 소수입니다. 무대를 향한 추구는 우리 안에 무언가를 왜곡합니다. 자신을 사람들 위로 높이고 대부분 캐릭터가 돼 진정한 인격 대신에 매력적 슬로건과 절대 효과 없는 손쉬운 3단계 비결 따위를 꾸미는데 완벽을 도모합니다. 그 일을 지키기 위해선 영원히 환상을 만들어내며 주변 사람들을 조종해야 합니다. 따라서 무대 위에 사람은 보이는 말투와 처신에 있어서 그 누구보다도 실제 생활과 다르게 행동합니다. 그들은 환상 속에 살며, 소속감이 필요한 사람에게 맞춘 거짓 공동체를 만들어 '특별한' 지혜와 통찰을 제공하면서 다른 사람 위로 본인을 높입니다. 그리고 자기를 사랑하고 보살펴주는 사람을 만난 적이 없는 이들에게 확신을 심어줍니다.

반면 깊은 지혜를 지닌 사람들은 알려지지 않은 채 거리에 살고 있습니다. 이 여정 가운데 만난 사람 중 가장 예수님 같이 내게 제일 영향을 준 남녀는 무대 위에서 살거나 웹사이트를 갖고 있지 않았습니다. 그들은 다른 사람을 향한 사랑을 알아 가는 데 만족하며 사람들과의 관계에서 훨씬 더 많은 열매를 맺습니다. 그러므로 우리는 이 거시 세계를 신중하게 이용해야 합니다. 그 세계 자체가 악한 것은 아닐지라도 잘못된 실제를 높이는데 기여합니다. 유명인 문화는 거기 관계된 거의 모든 사람을 왜곡합니다. 무대 위 전문가로 알려지는 일이 여정 위에서 형제자매로 사는 일보다도 쉽습니다. 무대 위의 삶은 겪지도 않은 일에 관해 으스대게 하며, 직접 대면해서 말을 꺼낼 용기조차 없는 문제에 관해 이야기하도록 만듭니다. 설교자를 불쾌하게 만든 누군가를 가리켜 얄팍하게 가장한 훈계식 설교를 얼마나 많이 들었습니까? 후회스럽지만 나 역시 그랬습니다. 그러나 그런 일은 비겁자의 탈출구입니다.

나는 당신에게 그런 곳에서 발을 빼라고 단념시키려는 의도가 아닙니다. 그런 식으로도 하나님께서는 당신에게 기회를 주십니다. 나 또한 내가 절대로 만날 수 없는 사람을 도울 수 있기 때문에 그러한 모든 일을 다 합니다. 그러나 동시에 그 일이 내가 하는 가장 중요한 일은 아니라는 사실도 압니다. 아마도 복음서에서 보는 바와 같이 우리 삶에서도 동일한 우선순위를 정해야 할지도 모릅니다. 우리 시간의 약 80%는 중요한 작은 대화를, 그리고 면식 없는 청중을 향해서는 20%만 씨를 심듯 쓸 일입니다. 그리고 그 20%도 무리가 자연스럽게 우리의 도움을 청할 때나 적합하지, 자기 홍보를 통해 획책한 경우는 아닙니다.

우리의 개인적 관계에 더욱 높은 가치를 두도록 합시다. 이 전환은 나에게 철학적인 변화가 아니라 먼저 경험한 일이었습니다. 나는 어떤 곳에서 진정한 왕국이 활발하게 성장하는지 보고 알게 됐는데, 대부분 무대 위는 아니었습니다. 무대 위 환경은 너무나도 일차원적이어서 누군가의 여정에서 다음 단계로 도약할 수 있도록 돕기보다는 천편일률적인 원칙만을 제공합니다. 최근 집으로 돌아오는 비행기에서 나는 한 파산한 남성과 이야기를 나누게 됐는데 내가 여행 중에 가진 어떤 대화나 발표보다도 훨씬 더 강력했습니다.

그 일은 나에게 하나님께서는 한 번에 한 마리의 양씩 구조하시며, 그분의 왕국에 실질적인 능력은 이벤트나 봉사, 모임보다도 개인적인 관계와 자라나는 우정 가운데 나온다는 사실을 다시금 떠올렸습니다. 그러므로 오랜 친구와의 통화, 시장 줄에 선 낯선 사람 혹은 담장 너머의 이웃과 같은 예수님께서 당신을 위해 예비하신 다음번 대화를 기대하십시오. 그 이상으로 사람들에게 하나님의 실재에 접속할 기회를 주는 다른 일은 없습니다.

내가 만났던 기관을 포기한 사람들은 단지 더욱 끌리는 설교를 찾지 않았습니다. 그보다는 대화를 통해 배울 수 있는 다른 환경을 찾고 있었습니다. 똑같이 사고하도록 압박받지 않고 스스로 변화를 탐색할 자유가 있는 곳 말입니다. 그런다고 가르침과 격려의 은사가 축소되지는 않습니다. 오히려 훨씬 더 도전적이고 다른 환경 가운데 그 은사들은 다시 틀을 잡습니다. 그곳에서는 누군가의 성품이 미사여구를 꾸며내는 능력보다도 더욱 중요합니다.

물론 우리가 아직 거론하지 못한 불편한 진실이 있는데, 바로 이런 두 종류의 대화에 근간이 되는 비즈니스 모델입니다. 거시적 대화로 수익을 창출하기란 쉽습니다. 우리 문화가 대중적 기반 위에 서 있으니까요. 그러나 미시적 대화로 돈을 버는 일은 불가능하며, 복음으로 생계를 유지하는 사람에게는 문제시 됩니다. 정말로 그렇습니까? 다음 장에서 이 이슈를 다루겠습니다.

Beyond Sundays

17

사역 수익화의 함정

"돈을 추구하라!"

미국서 워터게이트 사건 이래 중요 기관에서는 월권과 부패를 샅샅이 캐내는 일이 미덕으로 여겨지고 있습니다. 돈, 특히 거액의 돈에는 어떠한 마력이 있습니다. 그로 인해 개인적인 이익이 아버지의 목적보다도 더 중요해지면서 사람들은 자신의 진정성을 양보하더라도 합리화합니다.

점점 더 많은 사람들이 우리 종교적 기관의 탈선과 월권에 더욱 환멸을 느끼고 있습니다. 이와 함께 그 기관들이 그리스도를 향한 헌신의 순수성과 단순함에서 벗어났다는 의식이 점차 확산되어 왔습니다. 돈과 거액 융자가 복음의 진정성을 어떻게 타락시켰는지만 봐도 아마 알 것입니다. 누군가 또는 어떤 기관이 하나님의 일로부터 생계를 꾸려나갈 때는 실리를 좇도록 유혹받기 쉽습니다. 심지어 복음이라는 대가를 치르고서라도 말입니다.

사람들이 사역으로 생계를 유지하는 일이 나쁘다는 말은 아니지만, 최고의 경제적 선택이 얼마나 자주 하나님의 일과 상충되는지 평가하는데 우리가 충분히 비판적이라고 생각하지 않습니다. 아무리 우리가 복음을 따른다고 주장해도, 결국은 복음까지 왜곡해버리고 맙니다. 우리는 왜 그분의 왕국의 생명력을 세속 기업에서나 쓰는 사업 모델에 맡겨버린 걸까요? 그리고 그 결과는 무엇입니까?

그로 인해 결국 세상 가운데 그리스도의 사랑을 나타내기보다는 종종 자기의 힘과 안위에만 몰두하는 종교 기관이 많아지지 않았나요? 어떤 이는 우리가 만들어낸 종교 산업은 그저 예수님의 가르침이 자연스레 확산된 결과일 뿐이며, 세상에 그분의 메시지를 전하기 위한 수단일 뿐이라 주장하곤 합니다. 그러나 우리 기관의 월권과 왜곡을 살펴보면 실상은 그렇지 않으며, 많은 문제들이 점검되지 않은 채 수세기 동안 자라났습니다. 우리 대형 교회가 최고위층에는 터무니없는 거액 연봉을 지급하거나, 그들과 기관을 보호하기 위해 다른 이에게 해를 미쳐도 합리화될 수 있는 일이 단지 우연일까요?

예수님의 생명에 관해 개인적 대화가 훨씬 더 열매를 맺을 수 있음에도 우리가 대규모 모임을 더욱 많이 갖는 이유는 인맥을 넓혀 줄 사업 모델이 없기 때문이라고 나는 이전 장에서 단언했습니다. 우리에게는 돈과 영향력을 위해 시장을 성공적으로 이용한 사람에게 보상해 주는 작가와 교사 업계가 있습니다. 그리고 그런 환경에서 그리스도의 메시지는 수난을 겪습니다.

예수님께서는 왕국의 실재가 돈과 권력을 향한 인간적 갈망과 병행될 수 없다고 경고하셨습니다. 우리는 누구든지 자기 이익이라는 이유만으로 무엇이라도 맹신할 수 있다는 사실은 심리 검사에서도 잘 입증됐습니다. 이는 돈 때문에 다른 사람을 속이는 것을 말하는 게 아니라, 사실이 아닌 대상이라도 우리에게 이득이 된다면 얼마든지 진짜라고 스스로를 납득시킬 수 있다는 뜻입니다. 더욱이 돈이 엮일수록 우리 자신과 주변 사람을 속이기 쉽습니다. 이 현상을 인지 부조화라고 부르는데, 잘못인 줄 알면서도 그래야만 된다고 느끼기 때문에 스스로 합리화한다는 의미입니다.

나는 예전에 십일조가 신약의 의무인 양 가르치곤 했습니다. 나는 그런 신념을 갖고 자랐으며 나의 급여가 내가 가르친 사람들에게서 나왔을 때는 성경으로부터 그 같은 결론을 도출하는데 아무런 문제의식이 없었습니다. 내 수입이 다른 사람의 십일조와 무관해졌을 때에야 나는 신약에서 십일조를 향한 하나님의 목적이 의무라기보다, 우리 심령으로부터 관대하게 기쁨이 쏟아져 나오기 위해서라는 사실을 볼 수가 있었습니다. 그러한 견지에서 십일조는 손쉬운 대체제라고 할 수 있습니다.

무엇이라도 이익을 추구하면 그 본질이 변질됩니다. 내가 웹사이트나 스마트폰에서 앱을 지켜봤을 때, 그 목표가 원래 의도된 서비스 제공보다도 수익창출이 되면 모두가 더 퇴보하는 현상을 자주 접했습니다. 페이스북의 경우만 해도 끝없는 광고와 정치색으로 점철된 지금에 비해 단지 친구에 관한 정보만을 제공했던 시절을 누가 기억이나 하겠습니까? 그 무엇도 수익창출을 통해 더 나아지지 못하며, 그렇게 되면 종종 본래 도우려고 했던 대상보다도 제공자의 이익에 부합하도록 왜곡이 됩니다. 복음만큼이나 이 같은 폐단이 뚜렷하게 나타나는 분야도 없습니다.

Beyond Sundays

18

복음은 선물입니다

루이스 하이드Lewis Hyde가 창의성에 관한 고전 『선물The Gift』이라는 책에서 알코올 중독자 자조 모임AA에 관해 썼을 때, 그 특징 중 하나로 효과뿐만 아니라 지속력 또한 장담했습니다. 그 모임은 언제든지 무료로 참여할 수 있었습니다. 거기에서는 무엇도 사고팔지 않았으며 아무도 그 모임을 꾸려나가며 생계를 유지하지 않았습니다. 하이드는 이렇게 썼습니다. "지역 모임은 자발적 회비를 통해 커피나 책 등 최소 경비만 맞춥니다. 모임이 삶에 끼친 영향에 감사하는 사람이 자원해 시간을 내어 다른 이를 돕습니다."

그는 결론지었습니다. "만약 AA가 시장 조직으로 이어졌다면 아마도 그렇게까지 효과적이진 못했을 것입니다. 모임이 가르치는 교훈이 바뀌어서가 아니라, 배후에 정신부터가 다르기 때문입니다." 거저 주는 선물이야말로 변화를 일으키는 실질적 요인이며, 변형된 선물을 파는 일은 양측 사이의 관계를 위조하는 일이라고 그는 단언합니다.

당신의 마음에 울리는 예수님의 말씀이 들립니까? "거저 받았으니, 거저 주라." 나에게도 들립니다. 만약 예수 그리스도의 교회가 맥도날드의 프랜차이즈 마케팅 모델보다도 AA처럼 나눔과 자발성의 모델을 따랐더라면 오늘날 어떤 모습이 됐을까요? AA의 접근 방식 역시 교회가 직원과 예산 항목을 세우면서 사역의 일환이 돼버렸을 때는 변질됐습니다. 아무리 모임이 삶에 깊은 영향을 주면서 시작해도 종종 갈등과 경쟁의 대상으로 전락하며 유지되지 못합니다.

각자 다른 종교 기관이 너무나도 많은 이유 중 하나 역시 권력과 돈을 향한 경쟁과 관계있습니다. 기관이 더 크게 자랄수록 조직을 보호하고 먹일 필요도 커집니다. 질투와 권력 다툼은 자연적 본성의 결과이며 불만 있는 사람은 자기 조직을 만들기 위해 떠납니다. 거액 기부자의 요구에 쩔쩔매거나 새로운 목회자에게 퇴직금 수령을 위해 겸업 금지 조항에 사인하도록 요구할 때 우리는 스스로가 사업장이란 사실을 입증합니다. 일단 누군가 월급을 받아야 하고 건물이 필요하다면 그에 관한 의사결정은 경제를 중심으로 돌아갑니다. 사업 모델, 업무 절차도, 돈을 향한 끝없는 요구보다도 더욱 빠르게 예수님의 생명을 왜곡시키는 것은 없습니다. 그 모임은 더 이상 선물이 아니라, 많은 사람이 그 유지와 성장에 의존하는 큰 사업입니다. 신학대학으로부터 교회와 출판에 이르기까지 우리의 모든 종교 시스템이 그런 방식으로 지어졌습니다.

   예수님께서는 하나님과 돈을 동시에 섬길 수 없다고 말씀하셨습니다. 우리는 두 대상을 아무런 문제 없이 조화시킬 수 있다고 생각하지만 언제나 돈이 이기고 맙니다. 심지어 가장 순수한 이상으로 시작한 사람들 가운데서조차도 말입니다. 돈은 우리가 하나님께서 일하시는 방식을 보지 못하도록 눈을 가리며, 그 필요는 누구도 원하지 않는 방식으로 우리를 짓누릅니다. 나는 매주 살얼음판 위를 걷는 목사들을 알고 있습니다. 자신의 여정을 정직하게 나눌 수 없다는 사실을 알고 또 교회의 일부 세력과 마찰을 빚지 않기 위해서 말입니다. 나와 함께 작업한 어떤 출판사는 나의 저서 『날 사랑하심He Loves Me』의 내용을 목사들이 강대상에서 더욱 읽고 싶어지도록 수정하길 바랐습니다. 그리고 한 편집자는 내가 쓴 글을 좋아했지만 내려고 하지는 않았습니다. 그 글이 만일 독자를 언짢게 해서 구독이 취소된다면? 그들 모두는 헌금이나 구독이 몇 퍼센트만 떨어져도 사업을 지속할지 중단할지 갈릴 수 있다는 사실을 압니다.

이런 문제를 내부에서부터 보기 어렵다는 점을 나도 이해합니다. 누구나 최선을 다해 하나님의 뜻을 행하고 있다고 생각합니다. 그러나 사역에 있어서 수입을 위한 필요성이 얼마나 많은 부분을 차지하고 있는지는 거의 의식하지 못합니다. 나는 교회를 떠난 사람을 향해 비판적인 많은 목사에게 이렇게 이야기해 왔습니다. "만약 당신이 이 모든 일로부터 2년 정도만 떨어져서 비로소 돈이 더 이상 당신의 사역에 영향을 미치지 않게 됐을 때 이것을 바라본다면, 보이는 것들로 인해 깜짝 놀랄 거에요." 우리가 만들어낸 경제적인 종교 시스템이 얼마나 나의 시각을 흐렸는지, 내가 그 시스템에 의존하지 않게 될 때까지 나는 전혀 몰랐습니다.

즉 우리는 지불하거나 클릭하면서 복음을 얻는 대가로 한때 성도에게 전해졌던 예수님의 생명의 능력과 단순성을 잃게 됩니다. 복음이 복잡다단해야지만 책이나 세미나를 판매할 수 있으니까요. 최근 나는 수입 증진을 원하는 목회자 모임에서 어떤 사람이 최고의 가르침을 취해서 일련의 원칙으로 만들라고 말하는 얘기를 들었습니다. "당신이 그것을 시스템으로 만든다면 수익을 올릴 수 있습니다." 그의 말은 나를 역겹게 했지만, 우리가 왜 다른 사람들이 예수님을 따르도록 구비시키기보다, 5대 중점 계획 따위나 더 만들어내는지 설명해 줍니다.

대부분의 사역은 어떻게 재정을 충당할지에 대한 질문에서부터 시작합니다. 애초에 전하고자 하는 메시지의 내용보다도 돈이 최우선 고려사항이 돼버립니다. 내가 아는 대부분의 양심적인 목사들은 독립적으로 부요하게 되어서, 위원회나 다른 사람들의 기대에 구애받지 않게 되길 바랍니다. 그들은 돈이 얼마나 자유와 의사결정을 침해하는지 인정합니다.

본질적으로 돈 자체가 악은 아닙니다. 돈을 향한 우리의 갈망이 타고나길 기만적이어서 악할 뿐입니다.

Beyond Sundays

19

"전임사역"

　기독교 전임사역은 너무나도 많은 사람이 꿈꾸며 이제는 수억 달러 규모의 매출과 기부를 내는 종교시장 내부에 거의 독점하다시피 존재합니다. 어떤 이들은 단지 기독교인과 함께 일하거나 목적과 의미를 찾길 바라면서 종교 업계에서 천직을 구하고자 소망합니다. 그러나 많은 이들은 사람을 관리하고, 기금을 모으고, 조직이 계속 돌아가도록 프로그램을 기획하는데 얼마나 많은 시간이 드는지, 게다가 다른 사람의 자의식까지 개입되면 일이 얼마나 복잡해지는지 미처 깨닫지 못합니다.

　물론 이 모든 일이 나쁘진 않습니다. 그중 일부는 순수하게 세상에서 하나님의 역사를 돕지만, 그분의 뜻과는 반대로 돌아가는 일이 훨씬 더 많습니다. 많은 기독교 출판사는 이제 상장회사로 유일한 목적이 주주에게 최대 수익을 내는 일입니다.

다른 이들은 단지 돈벌이를 위해 종교 콘텐츠를 사고팝니다. 우리 종교산업이 세상 업계와 마찬가지로 규모, 영향력, 돈, 평판을 중시하며 똑같이 기능한다는 사실이 놀랍지 않습니까? 그럴 때는 우리가 하나님 나라에서 벗어나 스스로 만든 왕국으로 옮겨 간 사실을 확실히 알 수가 있습니다. 예수님께서 우리에게 말씀하셨습니다. "사람들이 높이 평가하는 그러한 것은 하나님이 보시기에 혐오스러운 것이다"(눅 16:15 새번역). 여전히 우리가 그분의 왕국에 관해 말할지라도, 그 왕국을 섬기는 일은 관둔 지 오래입니다. 그분의 왕국에서는 유명세보다 무명을 더 높이 사고, 섬김을 받기보다는 섬기는 일이 더욱 귀합니다. 또한 작고 유연한 모임이 크고 경직된 조직보다 소중하고, 어떤 위험이든 불사하고 그분의 인도를 따르는 일이 최선의 사업적 결정보다도 더욱 가치 있습니다.

이 공간을 어떻게 분별 있게 탐색하는지가 앞으로 세상 가운데 하나님의 목적을 이루는데 결정적인 역할을 합니다. 대부분의 사람에게 이런 이야기는 거센 바람을 향해 침 뱉는 정도밖에는 영향이 없을 테지요. 그러나 나는 주로 세상에서 하나님의 소리가 되기 원하는 사람을 향해 이 글을 쓸 뿐, 단지 종교적 거래로 생활을 꾸려나가기 바라는 사람을 위한 내용은 아닙니다. 나는 많은 작가, 예술가, 목사, 교사들이 이 업계에서 생계를 꾸리는 편을 선호하며, 세상에서 그들의 기관이 어떻게 하나님의 성품을 나타내는지와 같은 더욱 큰 문제에 관해선 크게 걱정하지 않는다는 사실을 압니다.

나는 모든 출판이 나쁘다거나 책을 팔고 웹사이트에 광고하는 일 자체가 왕국에 오명을 끼친다고 주장하지는 않습니다. 이 이슈는 매우 미묘한 고려사항이며 나 역시 계속해서 씨름하는 문제이기도 합니다. 나는 종교 기관에서 일했으며, 출판사를 소유하고 있었습니다. 나 자신의 책도 많이 팔았으며 이 모든 일은 내 가족에게 공급하는 데 도움이 됐습니다. 그렇긴 해도, 더욱 성숙한 형제자매들의 시간을 자유롭게 해줌으로써, 다른 사람들도 그리스도 안에서 성장과 자유를 찾도록 돕게 하는 데는 더 큰 가치가 있을 수 있습니다. 그 일은 크나큰 축복이 될 수 있습니다. 비록 그 함정 또한 거대하며 지난 2000년 이상 우리 중 누구라도 그런 유혹에 저항할 수 있을지 확고하게 입증해내지 못했지만 말입니다.

워치만 니Watchman Nee는 『정상적인 그리스도인의 교회생활The Normal Christian Church Life』이란 저서를 통해 복음으로 생계를 유지하는 사람에 관해 어쩌면 올바른 사고방식을 제시했을지도 모릅니다. "모든 일꾼은 그의 사역이 무엇이든 간에 모든 개인적 필요와 사역에 필요한 모든 것을 채워주신다는 믿음을 활성화시켜야 한다. 하나님의 말씀을 보면 아무 일꾼도 그 섬김의 대가로 월급을 받거나 요구하지 않았다. 하나님의 종이 필요를 공급받기 위해 인간적인 원천을 바라봐야 한다는 것은 성경에 전례가 없다. 어떤 하나님의 종도 세상적 필요를 충족시키기 위해 개인이든지 단체든지 어떠한 인간적 기관을 바라봐선 안 된다. 만일 스스로 노동을 하거나 개인적 수익으로 필요를 채운다면 선하고 훌륭한 일이다. 그렇지 않다면 그는 공급을 받기 위해 초창기의 사도와 같이 직접 하나님만 의지해야 한다. …만약 그 사람이 하나님을 신뢰할 수 있다면, 가서 그분을 위해 일하게 하라. 그렇지 못하다면 그를 집에 머물게 하라. 그는 사역을 하기에는 첫 번째 자격이 부족하기 때문이다."

처음 이 글을 읽었을 때 나는 불편했습니다. 내가 항상 두려워한 내용이 진실이었기 때문입니다. 누가 그런 식으로 살아갈 수 있겠습니까? 그런 삶은 중보기도로 유명한 성령의 사람 리즈 하월즈Rees Howells나 가능하지, 나 웨인 제이콥슨은 아니라면서 말입니다. 그렇지만 세월이 지나는 동안 나는 다른 방향으로 확신하게 됐습니다. 우리는 수익원으로 삼기 위해 사랑의 메시지를 받지는 않았습니다. 하나님은 절대 복음이 누군가를 위한 생계의 원천이 되도록 하지 않으셨습니다. 아버지께서는 은혜로운 사랑으로 세상을 자유케 하고자 복음을 주셨습니다.

생명이나 가르침을 주고 또 거기로부터 흘러나오는 나눔에 의지해 사는 삶과, 사역을 수익의 도구로 삼고 의도적이든 비의도적이든 성경을 왜곡하며 돈을 더 내도록 죄책감을 이용하는 일은 별개입니다. 즉, 어디서 돈이 나오느냐가 아니라 우리 생계가 걸렸을 때 복음을 왜곡시킬 위험이 있다는 게 문제입니다. 우리가 그분을 의지한다면 설사 그 수단 중 하나로 책을 판매한다 해도 개인적 이익을 위해 메시지를 왜곡할 이유는 없습니다.

나는 직업 기술로 수익을 얻는 사람에게 아무런 문제도 느끼지 않습니다. 그 일이 목공이든, 자동차 판매든, 글쓰기든, 교육이든 말입니다. 또한 이 이야기는 전임사역에 종사하는 사람을 대적하는 논증도 아닙니다. 그보다는 우리가 복음을 수익원으로 이용하려 들면 필연적으로 복음을 왜곡시킬 수밖에 없다는 고찰의 결론입니다. 당신도 그런 사람을 알아볼 수 있습니다. 왜냐하면 그들의 목표는 다른 사람이 예수님 안에서 생명과 자유를 찾도록 돕기보다 매출을 극대화하는 일이기 때문입니다. 반면 하나님께서 기회를 주셔서 시스템 안에서 일해도 야망에 넘어가지 않는 일부 사람도 있습니다.

이 길은 걷기에 쉽지 않고 내가 내린 지난 결정에 후회도 많습니다. 그러나 재원에 관해서 아버지를 더욱 신뢰하는 법을 배워나가고 단지 다른 이들에게 복이 되도록 내어놓게 되면서,

재정적 편익보다도 내 양심을 따르는 일이 차츰 더 쉬워졌습니다. 나는 책을 팔긴 하지만 또한 나눠 주기도 하며, 나의 웹사이트에도 다른 이를 돕기 위한 무료 자료가 있습니다. 나는 스스로 여비를 대며 강연료를 받지 않습니다. 나는 하나님의 관대하심에 의지하게 됐고 그로 인해 모든 것이 달라졌습니다.

Beyond Sundays

20

시스템이 아니라, 하나님께서 당신을 바꾸도록 내어드리십시오

이 책 한 권으로 우리의 거대한 종교산업을 조금이라도 바꿀 수 있을까요? 물론 아닙니다. 나는 그러려고 이 글을 쓰지도 않았습니다. 그래도 나는 이 책을 통해 당신이 종교시장에 참여할 때 더욱 지혜로워져서 개인의 편익보다도 복음의 순수성을 먼저 두기 위해 힘겨운 대가를 치르는 사람을 격려할 수 있게 되길 소원합니다.

종교시장에서 무언가 올바르게 보이지 않을 때는 배후에 재정적 요구가 있는지 보고, 말이나 행동에서 풍기는 영향을 알아차리십시오. 어떻게 알 수 있습니까? 그 일이 이면에서 개인에 대한 의존성을 계속해서 낳는다면, 웹사이트에 하나님의 왕국보다도 개인의 왕국을 세우는 데 더 치중한다면, 또는 그리스도와의 실질적 관계 대신 공식과 원리를 제시한다면 누군가의 생계의 필요에 따라 돌아가는 경우입니다. 그들을 발견하기란 정말 어렵지 않습니다. 예를 들면 웹사이트에 무슨 레이싱카 마냥 광고가 덕지덕지 붙어 있거나, 뭔가 무료 제공을 약속하면서 대신 이메일 주소를 요구합니다. 하나님의 역사는 세상에서 사업을 구축하는 것과는 다릅니다.

물론, 세상으로 빛과 생명을 불어넣는 은사를 받은 사람들이 있습니다. 반면, 시장의 생리로 포장해 꾸준히 청중을 이용하려 들며 매출, 웹사이트 클릭 또는 고가의 컨퍼런스나 세미나 비용을 통해 수익을 극대화하려는 사람도 있습니다. 그 차이를 인지하십시오. 그 일이 노출 및 수익을 극대화하려는 의도 같아 보입니까, 아니면 순수하게 다른 이들을 세워줄 방법을 찾습니까? 새로운 내용도 없는 책을 매년 찍어내면서 시장의 덫에 빠져들었습니까? 또는 교계와 업계 사이를 쉬이 드나들며 책을 팔고 플랫폼을 구축하거나 메시지를 브랜드로 만들려고 동일한 마케팅 전략을 적용합니까? 또한 자신만의 독특한 용어로 다른 사람도 똑같이 따라 하도록 훈련하는 워크샵도 있습니다. 이 일은 예수님께서 그분의 왕국을 지으시도록 내어드리기보다 자신의 왕국을 구축하는 확실한 징후입니다.

당신의 수입 때문에 위험을 무릅쓰지 못하고 심령을 따를 자유도 없다면 돈이 당신을 사역 안에 가두었다는 사실을 분별할 수 있습니다. 내가 아는 많은 목사들은 사역 외에는 일자리를 얻는 것이 불가능하다고 생각하기 때문에, 열악한 상황에서도 최선을 다할 수밖에 없다고 인정하면서 목회에 머물고 있습니다. 만약 당신의 필요가 단지 생계를 유지하거나 각종 요금을 내는 일에 머문다면, 하나님께서 돌보신다는 사실을 알고 돈에 관해 조금도 걱정할 필요가 없을 때와는 전혀 다른 결정을 내리게 됩니다. 그리고 세상은 사역에 몸담은 사람 그 자체보다는 그의 직업 기술에 더욱 프리미엄을 줍니다. 즉, 자원봉사 단체를 이끌고 예산을 관리하며 다른 사람을 훈련하고 책임 있게 행동할 수 있는 사람은 사업의 세계에서도 가치 있는 자산입니다. 나는 전직 목사들이 영리적 직장으로 이직해 이전 종교기관에서 정치적 문제로 씨름했던 때보다도 다른 사람과 실질적으로 사역하는데 더욱 시간을 보내는 모습을 많이 봐 왔습니다. 단지 당신의 머리를 땅에 파묻고는 하나님께서 당신을 보살피실 수 없다고 두려워하지 마십시오. 그분께서 당신을 향해 진정으로 예비하신 일을 찾으십시오. 그리고 당신이 그 안에서 피어나면 사역은 수입의 수단이던 때보다도 선물로서 더욱 기쁘게 다가옵니다.

개인적인 관계를 넘어 그리스도의 몸과 함께 선물을 나누기 원하는 사람은 자기 은사를 수입원과 분리하십시오. 그렇게 하지 않으면 영향력과 보장받고 싶은 정욕이 자신도 모르게 메시지를 변형하게 만듭니다. 바울과 같이 천막을 치는 사업을 하든, 아니면 다른 이를 도울 자유시간이 어느 정도 나는 일자리를 얻든 하나님께서 어떻게 당신의 공급자 되길 원하시는지 가르침 받으십시오.

만일 당신이 다른 사람들을 도울 때, 공급하시는 하나님을 신뢰할 수 있다면 그렇게 하십시오. 그분의 공급하심이 그 증거가 될 것입니다. 나는 많은 이들이 하나님께서 부르지도 않은 소명을 막연하게 받았다고 간주하며 나아가다가 결국 파산에 이르는 모습을 봤습니다. 만약 당신이 그분을 따르다가 빚을 질 지경이 된다면 그분께서 이끄신 일이 아닙니다. 그렇게 된 것이 당신이 모든 것을 내어드렸다는 의미도 아닙니다. 내 생각에 작가는 그의 책 매출만큼 가치가 있고, 선생은 그 수업료만큼 가치 있습니다. 다만 당신이 원하는 바를 얻기 위해 사람을 조종하지는 마십시오.

누군가 통찰을 선물처럼 제공하다가 가능한 모든 방법으로 수익을 꾀하며 변하는 모습은 보기에 좋은 그림도 아니고 그들의 메시지 역시 왜곡됩니다. 당신은 인기를 추구하든지 아니면 진리를 나눕니다. 그러나 두 일이 양립할 수는 없습니다. 어떤 이는 심지어 사역 웹사이트에 광고로 수십만 달러의 수입을 올렸다고 자랑하며 다른 사람들에게도 방법을 가르쳐주면서 시간을 보냅니다. 그러나 그런 일은 그리스도의 몸에 별로 선물이 되지 못합니다. 대다수는 그런 식으로 돌아가지 않기 때문입니다. 글쓰기나 말하기, 영상, 음악 혹은 연기 등 창의적 재능으로 생계를 잇는 일은 쉽지가 않습니다. 창작 예술은 선택적 소수에게 터무니없는 보상을 몰아주고 나머지에겐 야박합니다. 창의적 소질을 지닌 사람이라면 모두 다 그 일을 단순한 취미보다 천직으로 삼고 싶겠지만 극소수만 충분한 기회를 찾을 수 있을 뿐입니다. 당신의 일을 사랑으로 이뤄가며 허위 광고나 조작보다는 자연스럽게 키우십시오. 만일 그 일이 당신의 시간을 자유롭게 해 줄 충분한 기회와 수익을 낸다면 하나님께 감사하십시오. 그러나 결국 그 문제는 당신이 선택할 수 있는 사항이 아닙니다.

만약 당신이 사역에 종사하기 원한다면, 고지서를 지불하기 위해 할 일을 찾아보지는 마십시오. 하나님께서 당신에게 요구하시는 사역을 하십시오. 그리고 당신이 상상하지도 못한 방식으로 그분께서 채워주시는 역사를 지켜보십시오. 당신이 알려지는 일보다도 다른 사람을 돕는데 더욱 흥분이 된다면 이미 당신 주변에 충분히 많은 기회가 있습니다. 당신이 보상받을 걱정만 하지 않는다면 당신에게는 자유롭게 줄 수 있는 많은 것들이 있습니다.

　나눔이 증가하게 하십시오. 때가 되면 당신의 삶에 감동받은 누군가가 다른 사람들도 동일한 은혜를 받을 수 있도록 당신을 돕기 원할 수도 있습니다. 나에게 이런 일은 최고의 기부입니다. 현재 함께 하는 사람으로부터가 아니라, 과거에 감동받은 다른 사람이 나를 도와 세상에 또 다른 이들에게도 감동을 전하고 싶어서 주는 경우 말입니다. 과거 재정적 위기에 우리는 전혀 부탁하지도 않은 누군가로부터 돈을 받곤 했는데, 그들은 내가 말하거나 쓴 어떤 내용에 감동을 받아 다른 사람들과도 나눌 수 있도록 우리를 돕기 원한다고 말했습니다. 우리가 필요를 굳이 알리지 않아도 하나님께서 적시에 딱 맞춰 공급하시는 방식은 놀랍습니다. 이 일은 사람들이 세상 가운데 왕국을 세우는 일을 돕는 훌륭한 길입니다.

　누군가가 다른 사람을 예수님의 생명 안에서 깊이 살도록 돕는데 은사가 있고, 그들 자신도 실제로 그렇게 살고 있다면, 그들을 지원해줄 방법을 찾으십시오. 그리고 내가 삶의 숨은 필요를 위해 이 책을 쓴다고 생각하진 마십시오. 솔직하게 나는 그럴 필요도 없습니다. 그러나 저술은 세상 가운데 중요한 문제에 관해 대화의 장을 여는 데 도움이 되는 강력한 통로입니다.

선교회나 교회를 지을 필요가 없으니, 예수님의 왕국에 동참하는 일 이외에 다른 우선순위나 값비싼 인프라 역시 없어도 됩니다.

그분의 생명을 나눠 줄 자유야말로 진정한 사역의 중심heart 입니다. 인정컨대 그 자유를 떠안는 일은 쉽지 않으며 오랜 과정입니다. 그분을 알거나 그분의 갈망을 따르지 않으면서도, 자기가 믿음으로 산다고 여긴다면 단지 섣부른 가정일 뿐입니다. 진실한 신뢰는 오직 사랑에 바탕을 둔 관계에서 자라납니다. 그리고 신뢰가 자라나면서, 특히 공급에 관하여 우리를 세상의 모습대로 따르게 만드는 돈의 필요로부터 더욱 자유롭게 살 수가 있습니다.

나는 대학을 졸업하면서부터 직업적인 사역자였습니다. 내 나이 42세가 되었을 때 누군가가 나에게 물어왔습니다. 내가 교인을 돕는 대가를 받는다는 느낌 없이 그들이 나의 도움을 받을 수 있는지 말입니다. 그 만남은 이전에 가진 수천 건의 약속과는 확연한 차이가 났으며, 그 결실은 내가 알던 그 무엇보다도 훨씬 더 컸습니다. 그는 떠나면서 감사가 넘쳤습니다. 왜냐하면 내가 시간을 내어줄 거란 기대 없이 그저 선물로 도움을 받았기 때문입니다. 그 사실이 우리 대화의 영향력을 그토록 크게 만들었습니다. 그 순간부터 나는 전에 알던 바와 다른 길을 따라 걷기 시작했습니다. 다른 사람을 향한 섬김은 선물입니다. 그러므로 섬김을 오염시키지 않으면서도 수익화할 수 있는 길이란 없습니다. 그러니 그분의 생명을 거저 주고 그분의 관대하심이 당신을 어떻게 보살피실지 지켜보십시오.

  그렇다면 당신은 더 이상 돈을 따라갈 필요가 없어집니다. 대신에 당신은 어린 양이 어디로 가든지 자유로이 따라갈 수 있게 됩니다.

Beyond Sundays

21

부흥을 기다리며

어디를 가든지 듣는 말이 있습니다.
"우리에게 이제 막 대부흥이 임하고 있다고 나는 믿습니다." 사람들은 마치 어떤 영적 실체라도 응시하는 듯 머나먼 곳을 바라보며 이렇게 말합니다.

내가 그들의 소망이나 진정성을 의심할 이유는 전혀 없습니다. 나 역시 그런 사람 중 하나였으니까요. 지역 교회 목사로서 나는 무언가 석연치 않다고 느꼈습니다. 우리 교회 가운데 몇 년 동안 놀라운 일들이 일어났어도 나를 심란하게 하는 문제들이 여전히 잠재해 있었기 때문입니다. 사람들의 터무니없는 기대들, 부담스러운 프로그램, 정략적인 언쟁 그리고 영혼을 무뎌지게 만드는 관례들은 기대만큼 많은 생명을 낳지 못했습니다. 상처 입은 마음에 지혜를 얻으려 복음서를 읽을 때마다 예수님께서는 결코 그런 문제에 붙들리신 적이 없다는 사실이 다시금 떠올랐습니다.

그리고 나는 사람들이 50여 년이 넘도록 이 다가오는 부흥을 그리며 신음하고 있다고 들었습니다. 바로 "이제 곧 부흥이 온다."고 계속해서 스스로 되뇌던 그 사람들 말입니다. 당신이 펜사콜라, 토론토 혹은 레딩 부흥에 대해 어떻게 느끼는지와 상관없이 사실 그 사건 중 무엇도 그 부흥이 낳은 인사나 경계를 넘어서 확산되지는 못했습니다. 아울러 그 사건들은 기적적인 체험 이상으로도 진척되지 못했으며 또 그런 종류의 체험은 암시의 힘이나 집단역학으로도 쉽게 재현될 수 있습니다. 이 말은 하나님께서 어떤 신비로운 방식으로 사람들과 접촉하지 않으셨다는 의미가 아닙니다. 그보다도 결과적으로 그 사건 중 무엇도 그토록 사람들이 바랐던 대부흥을 이루지는 못했다는 뜻입니다.

그 부흥의 구체적인 양상을 표현해달라고 주문하면 사람들 대부분은 웨일즈 부흥이나 찰스 피니 심지어 1970년대 초의 지저스 피플Jesus People 시절을 상기했습니다. 그 설명에 따르면 사람들이 압도적으로 죄를 깨닫고 회개하기 위해 주님께 나오거나 어떤 초자연적 능력이 부어져 인파와 언론의 관심을 지역 교회로 끌었습니다. 그들 모두는 경기장을 가득 채울 만한 군중이 어떤 황홀한 경험에 사로잡힌 이미지를 그렸습니다. 그러나 세상 가운데서 그 일이 어떻게 일어났는지는 거의 누구도 설명하지 않았습니다.

한편, 지성을 더욱 추구하는 나의 동료들의 경우에는 하나님과의 초자연적 만남은 덜 기대하는 편이지만 그들 역시도 현실적인 불만족이 있습니다. 그래서 그들은 옛적 성도에게 전해졌던 복음의 순수성을 타협하지 않고도, 이번 세기에 교회를 더욱 관계적으로 만들 새로운 체계가 나오길 소망합니다. 해마다 21세기에 맞춰 교회를 더욱 진전시킬 새로운 조직을 제시한다는 새로운 책들이 쏟아져 나옵니다. 그러나 머지않아 그 책들은 모두 사라지고 여전히 더욱 가능성을 제시하는 최신 서적들이 대체합니다.

이렇게 부흥을 기다리거나 더 나은 조직을 끝없이 찾아 헤매는 일은 어쩌면 우리 가운데 종교적 추구에 따른 공허감을 가장 잘 보여주는 사례인지도 모릅니다. 두 현상은 현재 우리가 보는 모습이 경험하길 바라는 갈망에 못 미친다는 데 암묵적으로 동의하는 것입니다. 우리는 예수님께서 복음을 통해 사람들과 관계 맺고 세상이 주시할 수밖에 없을 정도로 그들을 변화시키셨던 것처럼, 도래하는 왕국으로 문화를 점령하며 활발하게 역사하시는 하나님을 원합니다. 그러한 추구가 말하는 바는 과연 무엇입니까? 결국 하나님께서 이미 이 세상에 관여하고 계시며 우리 가운데 그분의 왕국을 펼치기 위해 역사하고 계시다는 것을 믿지 못하는 것이 아닙니까?

만일 당신이 하나님께서 지금 하고 계시는 일들을 멈추시고 최종적으로 우리에게 모든 좋은 것을 주시기 위해 미래에 어떤 날을 가변적으로 기다리고 계신다고 여긴다면, 다시 한번 생각해보는 편이 좋겠습니다. 하나님께서 그런 분이실까요? 예수님은 이미 그분의 아버지께서 언제나 일하고 계신다고 말씀하셨습니다. 우리가 추구하는 부흥을 기다리느라, 그분께서 이미 우리 주위에 행하고 계신 역사를 혹시 잊고 있진 않습니까?

나의 경우에는 정말 그랬습니다. 우리 교회를 새로운 열정과 능력으로 채워줄 무언가 놀라운 일을 기다리던 때 나는 점점 더 욕구 불만만 늘어났습니다. 우리가 끝없이 기도 모임을 해도 변화는 없어 보였습니다. 내가 그분께 애원했지만 그분은 침묵하시는 듯 보였습니다. 몇 년이 지나고 나서야 나는 그분께서 침묵하지 않으셨다는 사실을 발견했습니다. 내 생각에 가장 좋은 방식으로 그분께서 일하시도록 하는 데 너무나도 집중하느라 미처 보지 못한 길로 따라가도록 그분께서는 줄곧 나를 넌지시 밀고 계셨습니다.

그러나 그 사실은 내가 개척을 도운 교회에서 차마 관여할 수 없던 권력 경쟁 때문에 배척당한 뒤에서야 발견할 수가 있었습니다. 다른 여러 교회에서 목사직을 제안해왔지만 나는 관심이 없었습니다. 언젠가는 또 다른 교회로 되돌아올 길을 찾겠지 하고 생각했지만 그렇게 서두르지는 않았습니다. 나는 압박을 풀어놓고 싶었습니다. 그 시기 동안 나와 아내는 우리가 바랐던 회복이 이미 전통 교회의 벽 너머에서 일어나고 있다는 사실을 발견하게 됐습니다.

우리는 주변 사람들 가운데 역사하시는 하나님을 보았습니다. 또 세계 가운데 아버지의 사랑 안에 살며 그 사랑을 자유롭게 나누는 삶을 배우기 위해 사람들이 자발적으로 전통 교회를 벗어나 나오는 동시다발적인 현상을 맛보게 됐습니다. 이 일은 우리 심령을 사로잡았으며, 조직이나 프로그램에 정신을 빼앗기지 않고도 다른 사람과 깊은 교제를 받아들일 수가 있었습니다. 특히 우리가 본 그 일은 어떤 건물이나 컨퍼런스 등 그 어디에도 갇혀 있지 않았다는 사실에 놀랐습니다. 왜냐하면 그렇게 가두는 순간 그 일은 인간적 조종 아래 시들해지기 때문입니다. 솔직하게 말하자면, 내가 그토록 활성화하려고 열심히 기도하며 구축했던 종교 시스템에 집중하고 있는 한 그런 일은 볼 수가 없었습니다.

하나님께서는 오직 공인된 기관 내부에서만 움직이신다고

생각하는 사람에게 이런 일은 위협적으로 다가온다는 사실을 인정합니다. 그렇지만 그건 단지 그들이 다른 곳을 바라본 적이 없기 때문입니다. 나는 시스템 밖에 있던 사람들과 만나고 충격을 받았습니다. 그들은 예수님을 따르고 다른 사람을 사랑하며 그분의 생명을 주변 세상과 나누는데 열정적이었습니다. 지역 교회에 속하지 않은 사람들을 책망하는 이에게 나는 종종 만약 당신이 2년 동안만 기관적 관계를 내려놓는다면 또 어떤 하나님의 실재를 보게 될지는 전혀 모르는 일이라고 말해줍니다. 안개가 걷히고 뚜렷해지려면 어느 정도 시간이 걸리지만, 결국 많은 이들이 하나님께서 여러 가지 방식으로 일하고 계신 사실을 발견합니다. 단지, 끝없는 활동과 정치적 논쟁, 기관의 조직적 필요에 집중하느라 볼 수가 없었을 뿐입니다.

심지어 떠나는 사람들이야말로 그들을 책망하는 사람들이 그토록 기도하며 바라던 부흥의 일부일지도 모릅니다. 혹자는 그들에게 '체념자'라는 딱지를 붙였지만, 그들 가운데 많은 이들은 매일 일상에서 기틀이 되는 더욱 진정하고 단순한 신앙을 갈망합니다. 기관의 관례와 의무는 많은 사람을 영적 수면 상태로 잠재웁니다.

내가 더 이상 부흥을 위해 기도하지 않는 이유는 부흥이 가져올 삶을 이미 현실로 살고 있기 때문입니다. 새로운 교회 모델을 찾지 않는 까닭 역시 모델 자체가 중요하지 않다는 사실을 발견했기 때문입니다. 하나님은 시스템이 아니라 사람들 가운데서 움직이십니다. 그분께서는 우리가 고안하는 어떤 체제 안팎으로 움직이실 수도 있겠지만, 그분의 우선순위는 시스템을 되살리는 일이 아니라 사람들을 새롭게 하는 일입니다.

이런 일은 이미 당신 주변에서도 일어나고 있습니다. 만약 당신이 그 일을 놓쳤다면 자신이 원하는 일만 하나님께서 행하시길 바라볼 뿐, 정작 하나님께서 하시는 일에는 주목하지 않기 때문입니다. 예수님께서는 기적의 표적을 구하는 사람들이야말로 막상 그런 일이 다가왔을 때는 가장 놓치기 쉽다고 경고하셨습니다. 왜냐하면 기적은 우리 생각대로 우리가 원하는 장소에서 일어나지 않기 때문입니다. 어쩌면 기적이란, 눈부신 TV 조명 아래 중요한 강단에서 일어나는 일이 아니라, 발코니에 앉아 홀로 울고 있는 여성에게 일어나는 사건인지도 모릅니다. 아마도 기적은 컨퍼런스나 부흥예배 가운데 있기보다 당신이 알아갈 엄두조차 내지 못한 동료, 현관 뒤로 숨는 이웃 혹은 기차에서 옆에 앉은 사람에게 일어날 수도 있습니다.

예수님께서는 우리처럼 대규모 부흥이나 심지어 더 관계적인 조직을 만드는데 집중하지 않으셨습니다. 그분께서 기적을 행하시고 아픈 자를 고쳐주시긴 했지만 그런 일들을 이용해 어떤 운동을 만들거나 군중을 모으진 않으셨습니다. 사실 그분은 운동이나 군중에 관해 그다지 대단하게 여기지 않으셨습니다. 그분의 긍휼은 인간을 향했을 뿐 눈에 보이는 성과를 바라지 않으셨기 때문입니다. 심지어 예수님의 형제들마저도 예루살렘에 가서 유명인사가 되지, 왜 갈릴리에서 이런 일이나 하는지 물었을 정도입니다.

그 이유에 관해 예수님께서는 아마도 잃어버린 양 하나를 찾기 위해 아흔아홉 마리를 남겨둔 이야기를 통해서 가장 잘 설명하셨을 것입니다. 스스로 안전하다고 여기는 아흔아홉보다도 길을 잃어버린 채 헤매는 한 양을 찾아 나서는 일이 목자의 역할입니다. 그분께서는 한 번에 한 사람씩 관계를 맺으며 사역을 수행할 때에야 가장 잘 이뤄진다는 더 중요한 요점을 가리켰을지도 모릅니다. 그렇기 때문에 그분께서는 우리에게 "모두를 사랑하라"고 하시지 않고 "서로 사랑하라"고 말씀하셨습니다. 사랑은 대중을 모으거나 문화를 변화시키려 노력할 때보다도, 당신과 마주한 사람에게 개인적으로 향할 때 가장 잘 펼칠 수 있습니다.

예수님께서도 가끔은 군중을 가르치셨습니다. 그렇지만 제자들과 배를 타고 다니실 때, 사마리아 우물가에 있던 한 여성과 오후 시간을 보내셨을 때, 또는 갈릴리에서 온 기적을 행하는 자를 보기 위해 인파가 몰려든 거리에 있던 삭개오와 함께 점심을 나누셨을 때가 그분에게는 가장 강렬한 순간이었습니다. 군중 가운데서는 무언가 왜곡돼 하나님께서 하시는 일을 보기 어렵게 만들어버립니다. 우리는 군중이 부여하는 정체성과 명성으로 인해 쉽게 주의를 빼앗기곤 하지만 하나님께서는 심령에 더욱 관심이 많으십니다.

그래서 부흥을 위한 기도회에 참석하기 위해 기꺼이 세계를 날아다녀도, 사랑의 도움이 절대적으로 필요한 누군가와 관계를 맺기 위해 이웃을 방문하거나 심지어 주일 아침에 통로 건너편에도 가지 않으려는 사람을 볼 때면 나는 머리를 긁적이게 됩니다. 우리는 비행기에서 옆자리에 앉은 사람과 대화를 트기보다도, 전략 회의를 열어 잃어버린 사람들을 만날 방법을 논의하기를 더 좋아합니다. 우리는 군중과 큰 규모나 주의를 끄는 이벤트를 찾느라 너무나도 바쁩니다. 그래서 예수님께서 매일 무대 뒤에서 사람들과 만나기 위해 사역하신 방식은 잊고 맙니다. 내가 개개인의 필요와 분투에 더 관여하면 할수록 그분께서 어떻게 개입하셔서 놀랍도록 사람들을 구하시는지 더욱 많이 볼 수 있습니다. 그분께서 이렇게 사랑하라고 우리에게 부탁하시지 않으셨습니까?

나는 거의 매일 하나님께서 그분의 사랑을 사람들과 나누기 위해서 행하시는 매우 놀라운 일들을 듣습니다. 나는 하나님께서 그분의 생명으로 사람들을 이끄시고 그분의 능력을 통해 가장 깊은 필요를 채우시는 방식으로 인해 흥분됩니다. 그래서 나는 미래의 부흥을 애타게 바라는 사람에 관해 들을 때 그들을 흔들어 깨우며 말해주고 싶습니다. "이미 당신 주위에서 어떤 일이 일어나고 있는지 보지 못합니까?" 하나님께서는 살아계시며 거의 매일 나를 깜짝 놀라게 만드실 정도로 세상 가운데서 움직이십니다.

부흥을 찾아 헤매면 아흔아홉 명에게 집중한 나머지 한 사람은 버려두게 됩니다. 부흥은 사랑하는 사람들로부터 시작되지, 성령의 부으심이나 조직적 변화로부터 시작되는 일이 아닙니다. 부흥의 시발점은 개혁이 필요한 프로그램이 아닙니다. 서로를 향한 사랑이야말로 이 왕국에서 역사하는 힘이라는 진리를 깨닫고 행하는 사람들만 충분히 있어도 부흥은 일어납니다.

우리가 건물 안에 모이든지 그렇지 않든지 사랑의 행동이야말로 세상을 변화시키며, 이 일은 오직 한 번에 한 생명씩 일어날 수 있습니다. 부흥은 기도회, 유명 리더나 인간적 프로그램으로 만들어낼 수 없습니다. 부흥은 다만 사람들이 하나님의 사랑을 발견하고 자유롭게 나눈 결과입니다.

앞으로 우리가 어떤 부흥을 보게 되든지 그 일이 단지 오래도록 하나님의 개입을 기다렸기 때문에 오지는 않을 것입니다. 그분께서는 항상 일하고 계신다는 사실을 기억하십시오. 그리고 거기에는 오늘도 포함됩니다. 부흥이나 더 나은 교회를 만들기 위해 기도하기보다 단지 그분께서 이미 우리 주변에서 하시고 계신 일을 보여 달라고 묻고 거기에 동참하십시오. 그분께서 오늘 당신에게 사랑하라고 보내주신 사람은 누구입니까? 그분께서 그 삶을 어떻게 만지기를 원하시며, 당신에게 그들을 어떻게 보살피라고 부탁하십니까?

만약에 앞으로 어떤 큰 부흥이 나타나기 위해 대기하고 있다면, 어쨌든 이 사랑의 자리가 바로 부흥이 시작되는 지점입니다.

22

참된 것을 찾는 마음

진리가 사랑보다도 더 중요해진 때가 언제입니까?

기독교 안에서 자라면서 나는 구원 받으려면 진리를 믿어야 한다고 가르침 받았습니다. 물론 서로 사랑하라는 권면 역시 받았지만 분명 진리를 향한 열정에는 못 미쳤습니다. 그러므로 교리에 따라 살면서 그것이 도전받을 때 수호하는 일은 다른 사람을 사랑하는 일보다도 더욱 중요해집니다. 심지어 예수님께서 사랑하라고 각별히 말씀하셨어도 말입니다. 사실 그분께서는 우리가 진리로 설득하기보다 사랑할 수 있는 능력으로 세상을 이긴다고 말씀하셨습니다.

사랑 없는 진리는 종종 사람을 돕기보다 파괴합니다. 오직 신학만 탐구하는 사람들을 보면 하나님의 성품과 사랑의 깊이는 파고들지 않으므로 도움이 되기보다는 다소 불쾌감을 주기도

합니다. 그들에게는 옳은 것을 믿는 것만이 전부이고 변화의 과정은 간과하고 맙니다. 그들은 종종 화가 나 있고 사람들을 조종하려 들며 판단합니다. 그렇다면 어느 모로 봐서 진리가 그들을 자유롭게 합니까? 그들이 잃어버린 자를 향해 더 온유하고 더 사랑하며 더 친절합니까? 내가 경험한 바로는 그렇지 않습니다.

그래서 예수님과 바울은 사랑이 더 중요하다고 말씀하셨는지도 모릅니다. 왜냐하면 사랑이 없이는 진리를 발견할 수 없다는 사실을 알았기 때문입니다. 진리는 사랑을 벗어나서는 제대로 나아갈 수 없다고 나는 확신합니다. 사랑 없이 진리에 관해 말하는 것은 유익이 적습니다. 그렇지만 진정한 사랑은 절대로 진리를 무시하지 않습니다. 사랑은 언제나 진리를 추구하며 은혜롭게 사람을 빛으로 이끕니다. 사랑이 진리의 가장 중요한 부분이며 그 안에서 사람들은 가장 자유롭게 진리를 발견한다는 사실을 인정한다면, 우리는 결코 진리를 희생시키면서까지 사랑을 선택할 필요가 없을 것입니다.

그러나 불행하게도 지난 이천여 년 동안 그리스도인은 그들의 정체성을 무엇이 옳은지에 걸었습니다. 심지어 중요치도 않은 세부 사항에 이르기까지 교리를 둘러싼 다툼이 우리를 수많은 조각으로 나눠 놓았고, 그들 각각은 다른 이들보다 더 많은 진리를 소유했다고 믿고 있습니다. 따라서 우리의 차이를 넘어 서로 사랑하는 법을 배우기보다, 모든 차이는 누가 옳고 그른지에 관한 시험이 돼버렸습니다. 우리는 세상과 마찬가지로 동의하지 않는 사람을 향해 그들이 얼마나 틀렸는지 납득시켜야 하는 시합에 휘말리고 맙니다.

나는 그 폐해를 매일 나의 페이스북 피드에서 봅니다. 특히 사람들이 자신이 아는 진리를 모든 이들이 믿게 하려고 친구들을 설득하려 애쓸 때 말입니다. 또한 누군가 더욱 불안정할수록 그는 어떻게 사랑하는지 배우는 대신 진리에 관한 싸움으로 끌려갑니다. 우리는 그들이 얼마나 사랑받는지 발견하도록 돕기보다는 그들이 틀렸다는 사실을 입증하기 위해 훨씬 더 많은 에너지를 씁니다.

우리는 별생각 없이 자주 그렇게 합니다. 최근 나는 책 표지 디자인에 관한 의견을 받았습니다. 300건 이상의 답을 받았는데 대부분 자기가 선호하는 디자인만 유일한 정답인 양 응답했습니다. 같은 식으로 보지 않는 사람은 단지 다르게 보는 게 아니라 틀렸다는 말입니다. 우리가 선호와 사실을 분리하지 않을 때, 다른 사람들에게 반감이 드는 방식으로 자신을 표출하게 됩니다. 그리고 그렇게 되면 문을 열기보다는 더욱 닫도록 만들어버립니다.

오늘날 이와 같은 현상은 그리스도인이 되기 위해 지역 교회에 다녀야만 하는지 아닌지에 관한 논쟁 가운데서 가장 명백하게 나타나고 있습니다. 모두가 자신의 견해를 위해 싸웁니다. 누구라도 동의하지 않는 사람은 잘못됐다고 확신하면서 말입니다. 한쪽은 다른 사람들의 신앙 경험을 검증하려 들고, 반대편은 무조건 따라야 한다고 요구하면서 양쪽 모두 그리스도의 몸을 진리보다 개인적 선호를 바탕으로 나눕니다.

내가 목격한 바에 따르면, 종교 기관의 '체념자'들은 그 체제 속에 있는 사람들을 향해서 상처가 되도록 잘못된 방식으로 사역하고 있다고 납득시켜야 할 필요성을 느끼며 속을 많이 끓였습니다. 또는 체제 안에 있는 사람들이 밖에 있는 사람들을 향해서 지역 교회에 출석하지 않고선 예수님의 교회에 속할 수 없다고 설득하려 들기 때문에도 많은 불만이 있었습니다. 그런데 내가 수년간 지켜본 바에 의하면 가장 열정적으로 지역 교회를 이끌며 방어하던 사람이 정작 외부인이 되었을 때는 오히려 가장 지역 교회를 혹평합니다.

만일 당신이 옳고 그름에 따라서만 산다면 자신을 검증하기 위해 불가피하게 다른 사람들을 책망하게 됩니다. 그런 대화는 주로 자기 결론을 스스로 검증하기 위해서 다른 사람의 확인이 필요한 확신 없는 사람들에게서 나옵니다. 양쪽 모두 진리의 본질 그리고 하나님께서 어떻게 우리를 진리 안으로 끌어들이는지를 오해합니다. 물론 이런 갈등은 소셜 미디어 플랫폼으로 인해 한층 더 악화됩니다. 왜냐하면 오만하고 극단적인 코멘트가 은혜로운 코멘트보다 더 많은 반응을 끌어내기 때문입니다. 우리는 서로를 향해 올바르게 대하기보다는 어떤 이슈에 관한 올바름에 더욱 신경을 씁니다.

어떤 갈등에 관해서라도 양측의 모토는 "진리는 타협할 수 없다."입니다. 언뜻 맞는 말 같아 보이지만 우리가 싸우는 진리 그 자체가 과연 얼마만큼 옳은지 아니면 단지 우리 견해일 뿐인지에 관해서는 알아보려 들지 않습니다. 한때 당신이 열렬히 옹호했지만 나중에 알고 보니 오해나 오보로 드러난 적이 얼마나 많습니까? 이 여정에서 얻는 즐거움 중 하나는 우리의 모든 것을 훨씬 초월하시는 하나님의 지혜를 발견하는 일입니다. 그러면서 우리는 꾸준히 성장하며 무엇이 진리이고 무엇이 단지 우리의 바람으로 이뤄진 가상일 뿐인지를 이해하게 됩니다. 그렇기 때문에 예수님께서는 진리란 우리의 교리적 요지를 완벽하게 정렬시킨 것이 아니라, 진리 자체이신 그분과 맺는 관계라는 사실을 우리가 알기 바라셨습니다. 그분을 믿음으로써 우리는 모든 진리를 믿습니다. 심지어 우리가 아직 모르는 부분까지도 말입니다.

그러므로 진리 안에서 자라는 사람의 숨길 수 없는 표식 중 하나는 겸손입니다. 우리가 하나님의 실재를 거울을 통하여 보듯 희미하게 본다는 사실을 아는 사람은 그 실재를 조심스레 붙들고 다른 사람에게 강요하려 들지 않습니다. 그들은 이 실재가 오늘 자신이 아는 한 최선이라는 식으로 표현하지, 진짜 하나님의 자녀라면 이렇게만 봐야 한다고 주장하지 않습니다. 당신이 그런 유의 교만한 말을 듣는다면 물러서십시오. 그런 사람은 하나님을 알기보다는 교리를 더 잘 아는 사람입니다. 의견 차이를 은혜롭게 나눌 수 있는 사람을 찾으십시오. 판단이 아닌 사랑이야말로 사람들이 진리를 찾도록 돕는 최선의 길입니다. 진리 안에서 성장하는 일은 지적 지식만을 쌓기보다, 그분께 의지하는 삶을 배우는 일과 관련 깊습니다.

물론, 진리가 중요하지 않다는 말은 결코 아닙니다. 다만 우리가 말하는 진리란 대부분이 절대 진리가 아닌, 당시에 우리를 편안하게 해주기 때문에 스스로 내린 결론일 따름입니다. 나는 우리 신학을 바로잡는 데 전적으로 찬성하며 결코 상대주의자가 아닙니다. 나는 모든 사람이 진리가 무엇인지 결정지을 수 있다고 믿지 않습니다. 우주 가운데 진리란 하나님께서 운행하도록 설계하고 만드신 방식으로 그 안에서 살도록 우리를 창조하셨습니다. 우리가 그 실재를 받아들일 때 고통이 불가피한 깨어진 세상 가운데 압도당하지 않고 자유롭게 살아가게 됩니다. 그리스도 안에서의 삶의 근간을 이루는 주요 사항은 몇 가지뿐이며, 그 자체가 사랑받기 위한 필수 조건이 되지는 못합니다.

왜냐하면 사랑이 먼저 진리로 가는 문을 열어주기 때문입니다.

자주 인용되는 예수님의 말씀으로 "진리를 알지니 진리가 너희를 자유롭게 하리라"(요 8:32)가 있습니다. 대부분 이 말씀을 자기 견해가 마치 올바른 믿음의 집합체인 양 다른 사람에게 강요하는 일을 합리화하는데 잘못 적용합니다. 그러나 만일 예수님께서 단지 진리가 할 수 있는 일뿐 아니라, 다른 사람들과 어떻게 나눌지도 말씀하신 거라면? 즉, 진리란 사람을 자유롭게 할 때야 가치가 있지, 진리를 빙자해 우리 생각에 최고대로 행하도록 조종하려 든다면 크나큰 불행을 초래하고 맙니다.

세상의 길은 거짓 위에 지어졌습니다. 하나님과 우리 자신, 성공과 실패, 우리가 중요하게 여기는 가치, 다른 사람과 관계 맺는 방식 모두에 관해서 말입니다. 거짓을 믿으면 당신은 기나긴 죽음의 소용돌이 가운데 갇히게 됩니다. 진리는 어둠을 침투하는 밝은 빛입니다. 우리는 처음부터 진리를 향해 달려가기보다 눈을 가리고 거짓이 주는 안락에 머무는 성향이 있습니다. 그러나 사랑은 그 빛을 물리치는 대신 따르고 싶게 만들어줍니다.

복음서를 읽으면서 나는 예수님께서 진리에 관해 얼마나 사려 깊으셨는지 점점 더 깨닫게 됩니다. 진리는 강력합니다. 진리로 누군가의 세계 전부를 날려버릴 수도 있습니다. 들을 준비가 됐을 때 진리는 위대한 일을 이루지만, 사람들이 준비되지 못했다면 두렵도록 파괴적일 수 있습니다. 그래서 예수님께서는 진리를 언제, 어디서, 누구와 나눌지 그토록 유의하셨습니다. 가끔 예수님은 진리를 이야기 속에 숨기셨습니다. 받을만한 준비가 되지 않은 사람은 이해하지 못하게끔 말입니다.

만일 당신이 듣기 원하지 않는 사람에게 무언가 진실이라고 설득하려 노력해본 경험이 있다면 그 일이 얼마나 불가능한지 알 것입니다. 예수님께서 분명하게 드러내어 말씀하신 경우는 궁금해하는 사람을 향해 이야기하신 때입니다. 게다가 그분은 진리에 관해 믿어야 하는 신학적 개념의 집합체로서 말씀하시지도 않았습니다. 그분이 말씀하신 진리는 우리를 덫에 걸리도록 만드는 거짓을 간파하게 해주고, 하나님의 진리를 받아들일 수 있도록 자유롭게 만듭니다. 예수님께서 유일하게 준비되지 않은 사람들과 진리로 대적하셨을 때는 그들의 행위가 다른 사람에게 큰 해악을 끼쳤을 때뿐입니다. 심지어 그들은 끝내 예수님의 말씀을 듣지도 않았습니다. 자유를 가져다주는 진리보다 더욱 영광스러운 것은 없습니다. 또한 상대를 향해 들어야 한다며 우리가 생각하는 진리로 내리친다면 그보다 파괴적인 일 역시 없습니다.

십오 년 전 아버지와 차를 타고 가던 중 나에게 물으셨습니다. "지금 하는 일이 즐거우니?" 당시 나는 오 년째 캘리포니아 중심부에서 성장하는 교회를 맡은 목사였습니다. 일련의 고통스러운 과정을 겪으면서 나는 그 모임으로부터 떨어져 나오게 됐습니다. 그래서 아버지는 내가 컨설팅과 작가 그리고 순회 사역에 어느 정도 만족하는지 잘 알지 못하셨습니다.

나는 아버지께서 실은 목사였을 때가 정말로 그립지 않은지 묻는다고 생각했습니다. 잠시 생각한 뒤 나는 규율에 기초를 둔 한 체제의 지도자에서, 그리스도 안에 자유를 찾기 원하는 사람들 곁에 있는 형제가 됐다는 사실을 깨달았습니다. "음, 아버지 저는 모두가 자기 셀 안에 잘 갇혀 있는지 확인하려고 열쇠 꾸러미를 들고 돌아다니곤 했어요. 지난 오 년 동안에도 지금과 같은 통로를 거닐고 있었지만, 이번에는 갇힌 사람들을 풀어주기 위해서죠."

"그거 참 듣기 반가운 소리구나." 아버지는 웃으면서 답했습니다. 그렇습니다! 이 말은 단순히 사람들이 집회에 자주 나오는지 아닌지에 관한 것이 아니라, 내 생각에 사람들에게 가장 좋다고 여겨지는 기준대로 그들을 맞추려고 했던 나의 책임감에 관한 문제입니다. 사람들이 하나님과의 관계에 기초를 둔 사랑 안에 살도록 자유롭게 해주고, 하나님께서 친히 그들을 변화시키도록 내어드리는 대신 말입니다. 나는 결코 내 선택을 후회하지 않습니다. 그리고 그들이 나의 결론을 믿거나 내 기대를 충족시키도록 애썼던 때보다 자유롭게 살도록 도울 때 훨씬 더 많은 열매가 맺히는 것을 나는 봐왔습니다.

더 이상 나는 누구에게도 무언가를 설득하려 애쓰지 않습니다. 갈급한 이에게 나는 최대한 이해하는 대로 하나님의 실재를 말해줍니다. 그들이 받아들일 준비가 됐다면 진리로 자유롭게 되어 응답하게 됩니다. 그러면 온 우주에서 경험할 수 있는 최고의 변혁적 관계로 그들을 초청합니다. 준비돼 있지 않은 사람이라면 나는 그를 바로잡아 주려고 힘쓰기보다, 더욱 조심스레 내 언어를 재어보고 사랑할 방법을 찾습니다. 오직 성령님만이 그들의 삶 속에 불어넣기 원하시는 진리를 위해 그들을 준비시키실 수 있습니다. 내가 그들을 설득하려고 노력할수록 그들이 보았으면 하는 빛으로부터 멀어지도록 그들을 밀어냅니다. 나는 사람들을 하나님의 사랑의 궤도 안으로 초청할 수 있는 방식으로 대하기 원합니다. 그곳에서 그들은 속임수를 간파하고 진리를 받아들일 수 있도록 더욱 잘 준비됩니다.

그러므로 사랑이 더욱 뛰어난 길입니다. 사랑 없이 진리는 이 세상에서 제 갈 길을 찾을 수가 없습니다.

Beyond Sundays

23

의도적으로 관계 맺기

나는 그리스도의 몸에 관한 모든 성경 말씀을 믿습니다. 말씀에 따르면 그리스도의 몸은 연합해 함께 걷고, 매일 서로 격려하며 하나님의 지혜와 임재를 나눕니다. 하나님께서 누구시며 세상에서 어떻게 역사하시는지 더욱 완전한 그림을 나타내기 위해서 말입니다. 또한 아버지의 사랑으로 사는 법을 배우는 사람들 사이에 협력과 동역은 하나님께서 우리 주변 세상에 자신을 알리시는 주된 통로로서 능력이 있다고 나는 믿습니다. 다만 그 일을 하는데 기관의 프로그램과 예배가 유일한 방식인지 확신하지 못할 뿐입니다. 불행히도, 그러한 방식은 종종 부지불식간에 그들이 이루고자 하는 성경의 뜻을 침해합니다.

온 세상의 창조는 아버지, 아들, 성령이 교제하는 가운데 함께 생명을 축하하고 모두의 선을 위해 역사하면서 시작됐습니다.

그 창조 가운데 하나님의 역사를 따라가다 보면 함께 교제를 나누고자 우리를 초청하시며 그 안에서 우리도 서로 만나 사귀게 됩니다. 나는 그 신성한 교제 안에서 생명을 나누기 위해 최선을 다하여 전념하고 있습니다. 먼저 삼위일체 하나님과의 교통에 있어서 자라나며, 그 가운데 살아가는 길을 배우는 다른 사람들과의 우정 역시 키워나갑니다.

그러므로 내가 보는 교회의 삶이란 의무가 아닌, 기쁘게 나눠야 할 생기 넘치는 보물입니다. 우리 각자는 부분적으로만 알고 봐왔습니다. 그러나 하나님의 지혜와 성품의 완전하심은 오직 모든 조각이 합쳐졌을 때야 바로 비출 수 있습니다. 내가 하나님의 경이로움의 한 측면을 나타내게 될 때, 내 주변 다른 사람은 또 다른 측면을 표출합니다. 우리가 사랑 안에서 함께 걸어가면 하나님의 인격의 충만함이 우리와 주변 세상에 점점 더 뚜렷하게 나타나게 됩니다.

불행하게도 우리의 깨어진 육신과 기관의 내부 정치는 우리가 서로를 동역자보다는 경쟁자로 대하도록 부추기는 경향이 있습니다. 다른 사람의 은사에 위협을 느끼고, 영향력과 지위를 구축하기 위해 자기 이름을 남기려고 분투하면서 우리는 함께 모이기보다 뿔뿔이 흩어집니다. 그렇게 행하면서 우리는 살아계신 하나님의 영을 비추기보다 이 세대의 영을 더욱 반영하고 맙니다.

그런 기관에 참여도 해봤고 이끌어본 경험도 있기에, 나는 그런 환경에서 진정한 교제란 실제라기보다 더욱 허상에 가깝다는 사실을 압니다. 우리는 단지 같은 모임에 꾸준히 출석하면 교회의 생명을 나눌 수 있다고 생각했습니다. 또 어떤 측면에서 우리는 생명을 나누었지만 단지 제한적인 방식으로 짧은 기간만 지속되었습니다. 우리만의 프로그램은 우리가 세우고자 했던 공동체로부터 부지불식간에 사람들을 끌어내리며, 가끔은 모임의 우선순위와 활동에 관한 기대가 어긋나 서로 대결에 빠지고 맙니다. 우리 에너지와 자원의 너무나도 많은 부분이 단지 프로그램을 운영하는데 들어갑니다. 또한 우리를 보호해야 할 사람들이 자신의 안위와 개인의 왕국을 구축하려 종종 우리를 이용하기도 합니다.

이런 일은 너무나도 많은 사람이 기관 형태의 교회 생활을 떠나는 이유 중 하나입니다. 어떤 사람들에게는 그런 생활이 맞을지 몰라도 점점 더 많은 이들이 단지 짜여진 무대를 바라보는 관중이 되기를 원치 않습니다. 그들은 진정성이 중요한 실질적 공동체를 향한 갈망을 발견합니다. 그런 공동체는 지지와 격려가 수월하게 일어나고, 일상생활과 잘 맞아 떨어지며, 멀리 있는 건축물 안에서 이뤄지지 않습니다.

반대로 건물과 모임 일정을 없애면 어떤 이는 다른 사람과의 연결 고리를 잃어버리고 맙니다. 그들은 결국 홀로 고립되며 자기가 바로 교회이므로 따로 교회에 나가지 않는다고 주장합니다. 그러나 우리는 그분의 교회에 일부가 될 수는 있어도, 혼자서 교회가 될 순 없습니다. 교회 생활이란 보물에 있어서 풍성함은 하나님의 사랑 안에 더욱 깊이 살도록 우리 심령을 자극하고 그분을 더 신뢰하도록 격려하는 다른 사람과 함께 걸을 때 나타납니다.

그런 교회가 존재합니까? 물론 있습니다. 그리고 그 교회는 우리 세계의 모든 구석과 틈에서 왕성하게 자라나고 있습니다. 교회는 순수함과 광채 가운데 자라나며 깨어진 세상 가운데 사랑의 힘이야말로 우주에서 가장 강력한 능력이라는 진리를 드러냅니다. 교회를 발견하려면 그것이 '장소'라는 생각을 멈추고 '사람들'로서 봐야 합니다. 지난 20여 년 동안 나는 어딜 가든 교회를 발견해냈으며, 그 존재는 자기희생과 사랑 같은 관계를 통해 드러났습니다. 나는 먼 나라의 사람들과도 내 주변 사람들과 같은 깊은 결속을 누려왔습니다.

불행히도 수백 년 전부터 우리는 '교회'라는 단어를 기관과 교파를 표현하는데 썼습니다. 그러나 더는 많은 기관과 교파들이 진정한 교회의 실재를 나타내지 못합니다. '교회'라는 말을 들을 때 우리는 서로를 "초월적인" 방식으로 사랑하는 사람들을 떠올리지 않습니다. 그보다는 여타 인간적 기관과 다를 바없이 돌아가며 여러 정치적 상황들과 깨어진 관계가 잦은 조직을 떠올립니다. 우리는 교회가 있다는 표시로 첨탑을 보기보다, 아버지의 사랑과 애정을 나타내는 우리 주변 관계에서 교회를 보아야 합니다.

내가 알기로 하나님과 같이 신성한 교제를 진정으로 나눌 수 있는 곳은 그분을 함께 알아가는 다른 사람들과 사귀면서 깊어져 가는 우정이 유일합니다. 그런 교제가 사전에 계획된 프로그램으로 일어날 수 있을까요? 물론 어쩌다 일어날 수는 있습니다. 매주 모임에 앉아 있다고 해서 친구가 생기지는 않습니다. 그보다는 주중에 서로를 찾아 마음을 드러내고, 함께 이해와 통찰을 거두는 대화를 나누면서 우정은 자라납니다.

그러나 그런 삶을 경험하려면 우리는 관계적으로 사는 법을 배워야 합니다. 그 배움은 우리가 어떤 모임에 출석하는지와 크게 상관이 없습니다. 그보다는 하나님께서 우리와 관계 맺으시듯, 우리 마음도 다른 사람과 관계를 맺는데 얼마나 자유로운지가 더 중요합니다. 그 중요성은 전통 교회 안에 자리 잡은 사람이나, 더는 그곳에 나오지 않는 사람 모두에게 마찬가지입니다. 우정을 키우는 일은 하나님의 가족이 연결되는 방식이자, 세상과 생명을 나누는 길입니다. 그러기 위해서 우리 쪽에서 지향해야 할 몇 가지 의식이 있습니다.

내면적으로 관계적인 삶

 관계적으로 산다는 것은 무슨 의미입니까? 그것은 주변 사람을 향해 열려 있고 정직하며 긍휼한 마음을 갖는 삶입니다. 그들이 그리스도인이든지 아니든지 말입니다. 그러한 삶이 쉬워 보일 수도 있겠지만 당신의 능력 밖의 일입니다. 다른 사람을 사랑하기 위해서는 먼저 우리를 향한 아버지의 사랑 안에 사는 법을 배워야 합니다. 여기에 지름길이란 없습니다. 행동을 바꾸려고 얼마나 노력하든지 간에, 우리 안에 두려움과 불안함이 있으면 다른 사람을 관계적으로 대할 수 없기 마련입니다. 우리가 다른 사람을 돌보고 살피는 관계의 공간을 갖는 데는 치유가 필요하며 시간이 걸립니다.

 아버지의 사랑 안에 사는 법을 배우는 것에 관해서는 『날 사랑하심He Loves Me』 등 다른 저서에서도 많이 다룬 만큼 이 책에서 일일이 열거하지 않겠습니다. 다만 그분께 사랑받는 삶이야말로 그 사랑을 다른 사람과 나누는 첫걸음이라는 사실을 상기시키고자 합니다. 그분의 사랑 안으로 더욱 평온하게 들어갈수록 당신은 더 자유롭게 되어 다른 사람을 향해서도 관계적으로 열린 삶을 살아갈 수가 있습니다. 어떻게 배워야 할지 도움이 필요하다면, 관계를 시작하기에 매우 좋은 곳은 다음과 같습니다. 당신이 아는 사람 중 그분의 사랑 안에 더욱 깊이 사는 이에게 함께 걸으며 배워갈 수 있도록 도와달라고 부탁하십시오. 좋은 우정은 많은 경우 그분의 사랑 안에 사는 길을 찾기 위해 다른 사람들로부터 조언을 구하면서 시작합니다.

그 사랑 안에 자라나면서 당신은 자신도 모르게 사람들을 밀어내기보다는 훌륭한 관계성을 기를 수 있도록 점차 열리는 마음을 발견하게 됩니다. 그러므로 관계적으로 행동하려고 노력하는 대신에, 다른 사람과 결실 있는 관계를 맺을 수 있도록 하나님의 사랑이 어떻게 당신을 더욱 자유롭게 하시는지 지켜보십시오. 그분의 사랑 안에서 자유로이 사는 법을 배우는 사람들이 교회의 생명을 나타내도록 우정을 북돋는 몇 가지 특징이 있습니다.

그들은 사람을 귀하게 여깁니다. 사람으로부터 무언가 얻어내기 위해서가 아니라, 인생의 어려움 가운데 함께 싸워나가는 동료로서 말입니다. 함께 싸우는 이 친구들은 당신의 긍휼을 일깨워 주며, 그들의 깨어짐 아래에 아무리 깊숙이 묻혀 있다 할지라도 그들은 하나님의 보물 창고입니다. 다른 사람의 기쁨과 분투에 함께 하고자 하는 갈망은 많은 관계에 문을 열어주며 일부는 진정한 우정으로 자라납니다.

그들은 긍휼 가운데 살아갑니다. 무슨 연유에서인지 다른 사람보다도 우리 마음이 더 가는 사람이나 환경이 있습니다.

그 이유는 그들이 더 귀하거나 큰 필요가 있어서가 아니라, 다만 하나님께서 그들과의 관계로 당신을 초청하신다는 뜻입니다. 당신이 주변의 모든 사람과 관계를 맺을 수는 없습니다. 당신의 마음에 다른 누군가의 처지로 인한 감동이 느껴진다면, 그들이 허락하는 한 관계로 밀고 들어가십시오.

그들은 진실 되게 삽니다. 나는 많은 사람이 하나님의 사랑을 자신의 부정직함에 대한 구실로 삼고 자신의 이익을 위해 다른 이를 중상하는 변명거리로 이용하는데 놀랐습니다. 하나님께서 왜 진실하고 정직한 사람을 찾으시며, 우리 삶에서 성품과 진정성을 보이는 사람이 가장 중요한 이유가 있습니다. 관계 가운데 자라나는 신뢰는 누군가 믿을만한 가치를 보인데 따른 결과입니다. 신뢰가 없다면 사람들은 단지 우리가 필요를 채우기 위해 그들을 이용한다고 판단하게 됩니다.

그들은 다른 사람을 고치려 들지 않습니다. 누군가의 곁에서 함께 걷는다는 것은 그들이 준비됐을 때 당신이 지원해줄 수 있게끔 거기에 있다는 뜻입니다. 당신이 문제 해결사로 자신을 제시한다면 진정한 관계가 자라날 수 있는 환경을 벌써 끊어 버리는 것입니다. 온유와 인내로 그들이 부드럽게 착륙할 수 있는 장소가 되어주십시오. 그들에게 관심을 가지고, 그들 역시 자기의 속도로 관심을 갖게 하십시오. 다른 사람이 언제 방어적으로 되는지 인식하고 그럴 때는 한발 물러서십시오. 그들이 빠져든 구멍으로 다시금 숨어들지 않도록 말입니다. 하나님께서 그들을 준비시키면서 당신의 사랑과 은혜가 그들을 바깥세상으로 초청하게 될 것입니다.

그들은 분 내지 않는 비결을 배웁니다. 대부분의 사람은 설불리 화를 내며 다른 사람의 행동에 관해 심지어 잘 알지도 못하는 동기까지 부여합니다. 그들은 신세 한탄을 하며 자신이 바라는 대로 사람들이 주목하도록 조종하고자 자리를 박차고 나갑니다. 내가 아는 예수님과 친밀한 사람들은 누군가가 제멋대로라도 쉽사리 분 내지 않습니다. 그들은 매도당할 수 있지만 다시 돌아와 사랑하고, 배반당할지라도 여전히 마음을 열어 놓습니다. 당신이 상처받을 때는 예수님께로 가져가십시오. 그리고 당신의 심령 안에서 어떤 채우지 못한 필요가 사람들에게 상처받는 방식으로 반응했는지 발견해내십시오. 그렇다고 악독한 사람이 당신을 짓밟고 다니게 두라는 뜻은 아닙니다. 파괴적으로 행동하는 사람에게는 적정 경계라는 간격을 둘 수 있습니다. 그 공간은 당신이 자유함 가운데 사는 법을 익히는 곳입니다.

그들은 여유 공간을 내어줍니다. 거의 모든 모임에서는 단 20%의 사람이 커뮤니케이션의 80%를 차지하며, 이 현상은 내 소셜 피드만 봐도 사실입니다. 그리고 나는 그 차이가 단지 외향성과 내향성의 문제만은 아니라고 생각합니다. 어떤 사람은 자기 아이디어와 생각이 가장 중요한 나머지 다른 사람들을 위한 여지를 남겨두지 못하는 듯합니다. 당신이 사랑하는 법을 배울 때, 더욱 잘 듣는 사람이 되어 다른 사람들과 그 공간을 함께 나누게 됩니다. 한때 나는 그 공간을 억지로 채우곤 했습니다. 왜냐하면 사람들이 아무 일도 일어나지 않는다고 생각할까 두려웠기 때문입니다. 그러나 나의 여정에서 최고의 질문이나 조언은 항상 거의 그 침묵에서 나왔습니다. 보통은 쉽사리 털어놓지 않는 사람으로부터 말입니다. 그 여유 공간은 그들에게 위험을 감수하면서 전진하도록 해줍니다.

그들은 경쟁할 필요성을 잊습니다. 당신이 다른 누군가의 성공에 위협을 느끼거나 대화 가운데 우위를 점하려고 다툰다면 도움이 되기보다는 상처를 주게 됩니다. 하나님께서 그분의 뜻대로 당신을 위해 모든 자리를 마련해주셨다는 것을 신뢰할 때에 당신은 다른 사람을 향해 밀어붙이지 않고, 사랑하는 것 외에는 어떤 것에도 그들보다 더 뛰어나고자 애쓰지 않게 됩니다.

확실하게 이 모든 특징은 우리 삶에 거대한 성장 곡선을 나타냅니다. 이런 열매가 맺히는 데는 몇 년이 걸리므로 기술을 배우듯이 이 모든 일을 향해 서둘러 달려들지는 마십시오. 이 일은 자아나 불안정으로 인한 왜곡에서 벗어나, 자유롭고 사랑하는 심령이 행하는 방향일 따름입니다. 당신이 모임, 공부 그리고 프로그램 활동을 넘어서 생각할 때에야 주위 사람들과 다른 방식으로 관계를 맺게 됩니다. 당신은 그들과 그들의 이야기에 관심이 가게 됩니다. 당신은 대화 가운데 그들과 관계를 맺게 될 것이고 서로에게 즐겁고 유익한 도움이 됩니다. 이 일은 외향적이건 내향적이건 마찬가지로 일어납니다. 다만, 내향적인 사람이 더 좁은 관계로 더욱 깊숙이 나아가게 됩니다.

외적으로 관계적인 삶

내가 알기로 교회를 떠난 사람은 잃어버린 관계를 재빨리 대체할 사람을 찾고 싶어 합니다. 하지만 하나님께서는 더욱 자연스러운 방식으로 사람들을 우리 삶 가운데 데려오기 원하십니다. 즉, 우리가 단순하게 그분의 사랑 안에 사는 법을 배우며 그분께서 매일 우리 앞에 두시는 사람들을 사랑하는 삶 말입니다. 실은 교제를 향한 '요구'야말로 교제에 방해가 되곤 합니다. 하나님께서 여시는 문을 보지 못하게 할 뿐만 아니라, 우정으로 무르익기도 전에 요구함으로써 관계를 망가뜨립니다. 아버지께서는 당신에게 무엇이 필요한지 또 어떻게 사람들을 우리 삶으로 데려올지 아십니다. 나는 당신 주변에 사랑할 친구들이 많을 것이라 확신하는데 그들에게 관심을 두십시오. 우리 시대에 외로움은 크나큰 문제입니다. 의심할 여지 없이 당신 주변에도 외로운 사람들이 친구를 찾고 있습니다.

그 일은 예수님께서 하나를 위해 아흔아홉을 남겨두셨을 때 뜻하신 바입니다. 만약 당신이 아는 사람들이 관계에 목마르지 않다면 갈급한 사람을 찾아 나서십시오. 그런 사람은 종종 우리 사회 그룹 중 약하고 소외된 자들 가운데서 찾을 수 있습니다. 멋지고 세련돼 보이는 사람은 종종 친구가 많거나 아니면 겉보기와 달리 어떻게 친구가 되는지도 모르고, 사람들을 보살피기보다는 이용하는 데서 만족하고 맙니다. 당신이 친구가 되고 싶은 사람보다는 당신의 우정으로 인해 축복받을 사람을 더욱 생각하십시오.

하나님께서 우리에게 원하시는 관계로 가장 잘 연결해 주시는 분은 바로 성령님이십니다. 그분께서는 당신이 함께 걷기를 원하시는 주변 사람과 또한 그를 언제 마주치면 가장 좋을지도 다 아십니다. 그러므로 나는 당신이 그렇게까지 모임을 찾아 나서지 않게 되기를 권면합니다. 그저 매일 그분의 사랑의 실재 가운데 살아가며 하나님께서 당신 앞에 두시는 사람을 사랑하십시오. 그가 설사 불신자일지라도 사랑하며, 당신의 믿음대로 믿도록 설득시키려고 당장 애쓰지는 마십시오. 곧 당신은 그들과 예수님에 관한 어떤 흥미로운 대화를 나누게 될 테고, 때가 되면 다른 친구들과 함께 이 여정을 걷는 날이 오게 됩니다. 그분의 몸은 확장되어 나가는 관계로 성장합니다. 그들이 이미 하나의 단체로 모여 있든지 않든지는 상관이 없습니다.

당신의 삶에 사람들을 위한 공간을 마련해 두십시오. 분주함은 종종 불안함의 결과로 나타납니다. 우리는 스스로 생산적이라고 느끼고 싶어서 삶의 한도를 넘어 밀어붙입니다. 결국엔 사람들과 우정이 자라날 편안한 대화로 관계 맺을 수 있는 시간은 사라지고 맙니다. 만약 당신이 미리 공간을 마련해 두지 않는다면, 우정은 단지 우연으로만 일어날 수는 없습니다. 그리고 이런 일이 항상 어쩌다 일어나는 예외적인 사건일 필요도 없습니다. 당신의 일상으로 사람들을 초청할 방법을 찾으십시오. 예컨대 개를 산책시키거나, 아이들의 야구 게임을 관람할 수도 있고, 집안일에 도움을 주고받을 수도 있습니다. 물론, 그들을 도와준다면 더욱 좋겠지요.

종교적 행사에 끌어들이고자 하는 의도와 무관하게 당신 자신을 새로운 우정에 내어주십시오. 그들이 불신자라도 당신은 하나님께서 이웃, 직장 혹은 우연한 모임을 통해 보내주신 사람을 사랑하는 법을 배울 수 있습니다. 그들과 대화 가운데 관계를 맺고 초대를 주고받으며 연결될 사람들을 찾으십시오. 이런 관계로부터 자라나는 우정이 당신의 여정에서 풍성한 유업이 됩니다.

사라와 나는 매주 앉아서 하나님께서 그 주에 우리와 연결되기 원하시는 사람을 위해 이야기 나누고 기도했습니다. 그리고 누군가 마음에 떠오르면 재빨리 전화를 걸거나 이메일을 보내 상대에게 어떤 필요나 비슷한 갈망이 있는지 알아봤습니다. 가끔 우리는 저녁 식사나 바비큐 파티를 열어 서로 알아가기를 기뻐할 만한 사람들을 초청했습니다.

만약 당신이 삶과 가정을 열어 보이고 다른 사람들을 하나님의 가족으로 연결할 수 있다면, 모든 방편을 써서 그렇게 하십시오. 많은 모임을 조직할 필요도 없습니다. 단지 사람들과 연결되고 우정을 키울 자리만 내어주십시오. 교제의 90%는 식사에서 이뤄집니다. 이 일은 공원에 패스트푸드를 싸갈 정도로 단순하게 할 수도 있습니다. 함께하면서 그들의 여정과 배움에 관한 실질적 대화 가운데 길을 찾도록 돕는 법을 배우십시오. 이렇게 공동체는 자라나면서 다른 사람들도 관계를 맺도록 돕습니다.

예수님의 생명과 사랑을 중심으로 확장되어 가는 우정은 하나님의 은혜와 지혜에 풍성한 보고가 됩니다. 우리는 함께 하나님께 귀 기울이며 말씀하시거나 요구하시는 바를 더욱 잘 깨달을 수 있습니다. 우리는 그분께서 요청하시는 대로 함께 수행하기 위해 서로를 돕고 협력해나갈 수 있습니다. 또한 우리는 자원을 모아 서로가 필요할 때 돕고 세상의 다른 사람들도 도와줄 수 있습니다.

관계적으로 되기 위해서는 단지 단체 활동이나 모임을 조직하거나 참여하는 일보다도 훨씬 더 의도적인 노력이 필요합니다. 그렇게 할 때 그 보상은 훨씬 더 풍성합니다. 다른 사람과의 우정이 자라나면서 때가 되면 당신은 확장되는 관계들 속에 둘러싸이게 됩니다. 그러면서 하나님의 지혜와 성품을 더욱 발견할 수 있는 문이 활짝 열립니다. 그뿐 아니라, 주변 세상으로 그분의 영광을 나누기 위해 그분께서 무얼 요구하시든지 동역할 수 있게 해줍니다.

그곳에서 비로소 교회가 보이기 시작합니다. 한쪽 귀퉁이에 건물이 있기 때문이 아니라 다른 사람들도 받아들이고 싶게끔 우리가 사랑하기 때문입니다.

Beyond Sundays

24

흩어진 성도들에게…

세상의 도처에 흩어져 더는 어떠한 교파나 교회에도 속하지 않은 채 예수님을 따르는 이들에게 : 당신과 같은 한 사람으로서 예수님과 함께 문안합니다. 이 편지를 받는 당신이 우리 아버지의 사랑과 그 아들을 향한 신뢰, 그리고 성령님의 지혜와 온유함 가운데 성장하고 있기를 기도합니다.

그 길이 쉽지 않다는 것을 나도 압니다. 더욱 생생한 생명력과 진정성을 찾아 이미 확립된 제도권 밖으로 발을 내딛는 개척자에게 이 길은 결코 쉽지 않습니다. 여러분 대부분이 이곳에 올 계획은 아니었다는 사실을 나는 압니다. 단지 심령의 갈망과 그분께서 당신의 마음을 이끄시는 대로 따랐을 뿐인데, 한동안 자주 다니며 너무나도 도움받던 그 모임을 벗어난 자신을 어느덧 발견하게 됐습니다. 여러분 중 어떤 사람은 잘못된 질문을 한 이유로 배척받았습니다. 또 다른 사람들은 그냥 교회에 나가는 일을 관뒀습니다. 정치적인 인간관계 또는 죄책감과 두려움을 통한 통제에 지쳤기 때문입니다.

지난 20년 동안 내가 함께 어울린 사람들은 종교로서의 기독교로부터 자유를 얻어냈지만 계속해서 예수님 안에서 생명을 추구했습니다. 그분께서 제자들에게 전하신 생명과 같은 생생한 삶 말입니다. 주일 아침 제도의 기독교를 넘어선 그들의 여정은 마침내 그 선택을 확인해주었습니다. 영적인 갈망이 너무 커서 친구와 가족이 주는 안위를 희생하고라도 그 갈망을 따르는 사람을 나는 세상에서 가장 존경합니다. 종교란 원래 동조의 필요성 위에 지어지므로 누군가 거기에서 벗어날 때, 특별히 민감하지 않다면 선의의 마음으로 틀렸다고 설득하려는 사람들이 몰려듭니다.

예수님은 당신의 여정이 얼마나 고통스러운지 누구보다도 잘 아십니다. 그분께서도 역시 걸으신 길이기 때문입니다. 뜨거운 열정으로 노래를 부르는 일은 너무나도 쉽습니다. "누구도 나와 함께 하지 않을지라도, 여전히 나는 따르리." 가사대로 실제 행하는 일이 훨씬 더 어렵습니다. 그렇지만 그렇게 행했을 때 그분께 크나큰 기쁨이 된다는 사실을 나는 믿어 의심치 않습니다. 불확실한 길로 그분을 따라가기 위해 당신이 감수한 위험을 그분도 다 아십니다. 그 길이 생각보다 어려울지라도 계속해서 나아가면서 그 기쁨 가운데 살아가십시오. 당신의 추구는 미처 보지 못한 방식으로 보상이 돌아오게 됩니다. 그리고 그분의 실재와 사랑, 자유를 향한 가장 깊은 갈망을 이루게 됩니다.

이미 여러분 중 많은 사람은 내 독려가 필요치 않다는 사실을 압니다. 당신은 예수님을 알게 됐고 우리 문화의 종교적 전통을 떠나 그분을 따르는 길을 배웠습니다. 그리고 그분의 공급 가운데 점점 더 안식하는 자신을 발견하며, 예수님께서 당신을 심으신 곳에서 그분의 열매를 맺고 있습니다. 당신은 정치적 게임이나 마음을 무디게 만드는 종교적 일상이 필요치 않은, 관계적으로 연결된 교회가 여전히 세상에 존재한다는 사실을 발견해냈습니다. 나는 세상을 돌아다니며 여러분 중 많은 이들을 만났는데 도전과 반대 그리고 무고한 비난을 극복하고 회복해내는 능력과 사람들이 거의 가보지 않은 길로 기꺼이 떠나는 용기에 감명 받았습니다.

여러분 중에는 이 여정에 새로이 들어왔거나 아직 자리를 잡지 못한 이들도 있습니다. 여기에 내가 여정을 통해 지금껏 배워온 과정이 있습니다.

새로운 출발점 찾기

우리의 종교 시스템 밖에서 지내는 초기에는 상당히 고통스러울 수 있습니다. 그 고통의 정도는 당신이 떠난 이유가 무엇인지, 그리고 주변에 지지해주는 목소리가 있는지에 따라 차이가 납니다. 가장 먼저 당신은 그런 고통스러운 결정으로 내몬 상황으로부터 빠져나온 데 대해 큰 안도를 느낍니다. 당신은 다른 사람들도 함께하거나 혹은 당신을 향한 하나님의 인도에 동조를 표하며 여정을 나눌 수 있길 기대했을지도 모릅니다. 그러나 대부분 외부자로 홀로 남았을 때 세 가지 중대한 도전이 기다리고 있는데 모두 다 어떤 거대한 성장 기회를 쥐고 있습니다.

죄책감 극복하기

당분간 당신은 마치 정박할 닻을 잃은 듯한 느낌이며, 감정 또한 당신이 진리로 아는 바를 따라잡지 못합니다. 당신은 교회 출석이 우리 주 예수님께서 필히 요구하신 바는 아니라는 사실을 알지만, 오랫동안 그렇게 믿어왔습니다. 그래서 당신만큼 정기적으로 나오지 않는 사람을 판단했을지도 모릅니다. 따라서 당신은 교회에 나가지 않는 것에 죄책감을 느끼고, 사람들이 그 문제에 관해 물어오면 방어적으로 됩니다.

죄책감은 종교적 의무로부터 습득한 짐입니다. 우리는 그리스도 안에 있는 자에게 결코 정죄함이 없다는 진리를 압니다. 그렇지만 얼마나 많은 교회의 경험이 정죄나 동료 신자의 못마땅한 눈빛을 피하기 위한 동기로 이뤄졌는지 보면 놀랍습니다. 죄책감은 의무를 따라 섬기는 한 거의 보이지 않지만, 그 일을 관두면 흉한 몰골을 곧추세웁니다. 이제 당신은 거의 매일 죄책감과 정면으로 마주칩니다. 또한 죄책감은 당신이 아는 하나님과 당신 자신 그리고 그분을 따르는 의미에 관하여 시험합니다. 이 시기는 예수님께서 당신을 붙드는 죄책감과 두려움의 힘을 파하시는 것을 보기에 매우 좋은 때입니다.

한편으로 당신은 자기 경험을 합리화하기 위해 죄책감을 만족시키거나, 다른 사람들은 누릴 수도 있는 체제를 공격하고 싶은 유혹을 느끼게 됩니다. 그러한 욕구에 저항하십시오. 이 시기는 십자가로 향하는 당신의 길을 찾고 당신에게 죄책감과 정죄감을 느끼게 만드는 사고방식을 발견해내는 데 중요한 시기입니다. 당신이 아버지의 사랑과 지혜 가운데 더욱 깊숙이 기댈수록 시간이 지나면서 죄책감은 줄어들게 됩니다. 마찬가지로 당신 안에서 그분이 하신 일에 대해 좋은 느낌을 가지려고 다른 사람들을 허물어버릴 필요성도 사라지게 됩니다.

외로움을 다루기

당신이 지역 교회에 참여도가 높았다면 주당 8~10시간은 쏟아부었을지도 모르겠습니다. 그 일은 당신이 자신보다 큰 무언가에 속해 있다는 환상을 심어주었습니다. 설사 그 우정이 기대만큼 가깝지 않았다 해도 당신은 마치 거기에 속한 듯 느꼈기 때문에 외로움을 가려버릴 수가 있었습니다. 그러나 더욱 고립된 상태에서는 외로움이 표면으로 떠오릅니다. 대부분의 교회는 눈에서 멀어지면 마음에서도 멀어지는 식입니다. 사람들은 당신을 그리기보다 당신이 기여한 일을 그리워합니다.

이제 당신은 누가 정말 친구였는지, 당신에게 신경을 쓰는 사람이 하나라도 있는지조차 의아합니다. 그런 의구심은 쓰라린 판단을 겪을 때 더욱 심해집니다. 가령 가장 가까운 친구와 가족 중 누군가 당신의 구원을 의심하게 되거나, 당신을 바로잡아 주려는 의도로 갱생의 대상으로 볼 때 말입니다. 심지어 당신은 올바른 결정을 했는지 의심마저 들게 됩니다.

더구나 새로운 친구나 관계가 기대만큼 빨리 일어나지 않으면 실망은 더욱 커집니다. 다시 한번 문제를 해결하기 위해 뭔가를 해야 할 것 같은 유혹이 찾아듭니다. 일부는 다른 교회를 찾아봅니다. 근처 가정 교회를 찾기도 하고, 스스로 교회를 열기도 합니다. 그러나 당신의 외로움에 대한 해답은 '저 바깥'

어딘가에 있지 않습니다. 그것은 당신이 찾을 수 있는 모임이나 조직할 수 있는 프로그램 또는 따라야 할 새로운 지도자 안에 있지 않습니다. 당신은 교회를 더 잘 꾸려나갈 방도가 아니라 그분의 실재를 더욱 잘 받아들일 길을 찾고 있습니다. 당신은 외로움이 우선 그분 안에서 채워진다는 사실을 발견하게 되고, 비로소 그분께서 당신의 길로 데리고 오실 관계로 넘쳐흐르게 됩니다.

당신은 아직 그 일을 보지 못했을 수도 있고, 심지어 그분께서 당신을 포기한 듯 느낄 수도 있겠지만 그렇지 않습니다. 그분은 그저 당신을 저버리려고 이토록 멀리 이끌지 않으셨습니다. 그리고 그분께서는 당신 안에서 마치지 않을 일은 시작조차 하지 않으십니다. 이때는 그분과 당신의 관계가 깊어지는 시기입니다. 오직 그분만이 채울 수 있는 공간을 당신이 다른 사람들을 이용해 채우려 하지 않도록 말입니다. 이때는 어떻게 그분께 듣고, 그분을 구하며 따르는지 배울 수 있는 멋진 시기이기도 합니다. 그러면 그분께서는 생생한 교제 가운데 당신의 외로움을 완전히 없애버리십니다. 그때에서야 당신은 진정한 공동체가 자라날 수 있는 더욱 건강한 관계를 위해 준비됩니다.

당신의 분노를 풀어놓기

    교회를 떠나는 일은 종종 분노와 관계가 있습니다. 기대에 미치지 못한 실망이나 사랑한다고 믿었던 사람의 배반 또는 그렇게 충성하며 시간과 자원을 드리도록 가르침 받은 내용이 실은 잘못됐다는 사실을 뒤늦게 깨닫게 되는 일도 있습니다. 당신에게 혹은 당신에 관하여 거짓말을 한 사람들을 탓하고 싶겠지요. 그리고 보통은 조직적인 종교 기관에 맞서 싸우고 싶어집니다. 그러면 우리 대 그들이란 이분법의 먹잇감으로 전락해 버리고 시간이 지나면 그 결과는 파괴적으로 드러나기 마련입니다.

    그렇게 함으로써 당신은 당시 내릴 수밖에 없었던 지극히 어려운 결정을 자연스럽게 합리화할 수 있습니다. 아울러 불가피하게 겪게 되는 자기 의심을 헤쳐나가기 위해서라도 당연한 반응입니다. 그래도 당신은 가능한 한 빨리 분노를 털어버리기 원하겠지만, 아직 몇 개월은 걸릴지도 모릅니다. 당신이 그 일을 이해하기는커녕 도리어 판단만 할 사람들에게 이야기를 털어놓아 난처하게 만들기보다는, 먼저 그 길을 따라간 안전한 사람을 만나서 고통을 토로할 수 있으면 좋겠습니다.

    하나님의 마음 가운데 이 여정은 "교회"를 고치는 일이 아니라, 당신을 더 깊은 관계로 이끄시고 사랑하도록 하시는 데 있습니다. 시간이 가면서 당신의 마음에 분노는 잠잠해지고 그분께서 공급하시는 기쁨과 긍휼이 그 자리를 대신합니다. 심지어 당신에게 상처를 입힌 사람을 향해서도 말입니다. 이 모든 일에는 몇 년이 걸릴 수도 있으므로 감정이 남는다 해도 스스로를 너무 나무라진 마십시오. 단지 그분께 계속해서 기대어 그분의 사랑이 누군가의 피해자가 됐다는 느낌으로부터 당신을 구해내도록 하십시오. 그렇습니다. 삶은 공평하지 않으며 사람들의 실패는 당신의 삶을 더욱 어렵게 만듭니다. 그러나 그분은 그 모든 일을 통해 당신에게 찾아오셔서 진정으로 생명이 되는 삶을 주십니다. 또한 당신의 실패 역시 마찬가지로 다른 사람에게 곤경을 더한다는 사실을 명심하십시오.

그분 안에서 성장하는 일은 하나의 여정입니다. 그 생명력은 시간에 따라 밀려왔다가 빠지기도 합니다. 당신이 주의를 잃을 때도 있겠지만, 그분께서 일깨워 주시면 다시 그분의 방향으로 순전하게 돌이킵니다.

그분과의 진정한 관계는 당신이 원하는 뭔가를 얻어내기 위해 노력하는 사이가 아니라, 매일 그분께서 당신에게 주시기 원하시는 것을 받는 관계입니다. 그분과 지속적으로 관계 맺으면서 당신이 도달했다고 생각하는 그 어디라도 장막을 치고 눌러앉지 마십시오. 우리 목적지는 일시적인 현세가 아닙니다. 틀에 갇힌 일상에 빠져 당신 안에 형성되고자 하는 왕국의 염원을 놓치지 않도록 하십시오. 당신을 통해서 왕국은 이 세상 가운데 더욱 자리를 잡습니다.

만일 당신 주변에 이 여정을 걷는 다른 신자가 있다면 도움을 청하십시오. 어떻게 죄책감을 지나치고, 예수님 안에서 외로움을 채우며, 당신의 삶 속에 실존하시는 그분을 따르는지 배울 수 있도록 말입니다. 당신은 이 세 가지 도전을 극복하면서 전혀 다른 여정 위에 오른 자신을 발견하게 됩니다.

색다른 여정 가운데 정착하기

이제 당신은 전혀 다른 여정 위에 있게 됩니다. 당신이 속한 기관의 기대를 채우기보다는 그들 없이도 표류할 수 있게 됐습니다. 당신의 안정감이 정기적인 출석과 규칙을 준수하며, 방침을 말하고 성실한 노력을 통해 다른 사람으로부터 인정받는 데서 나왔을 때는 그 모든 일이 너무나도 쉬웠습니다. 그러나 이제는 그런 일 없이 당신이 온전히 하나님과의 관계에 집중할 필요가 있습니다. 당신은 매일 생각의 홍수 가운데서 그분의 말씀과 손길을 어떻게 알아챌 수 있는지 배우기 원하게 됩니다.

이 지점에서 임시방편을 찾거나 밟아야 할 과정을 서두르지 마십시오. 이 일은 당신의 실제 환경 가운데 풀어 놓아야지, 책에서 배울 수 있는 것이 아닙니다. 그분의 커리큘럼은 교과서 어딘가에 나오지도 않고 대학의 코스도 아닙니다. 그 가르침은 일상의 사건, 감정, 생각 가운데 존재합니다. 당신이 성령과 성경을 접할 때 그분께서는 무엇이 진리이며 무엇이 허상인지 알려주시기 위해 다가오십니다.

여기에 내가 계속 여정을 나아가기 위해 적용한 세 가지가 있습니다.

관계적으로

당신이 이 여정을 처음 접해서 행위 기반의 기독교로부터 아버지, 예수, 성령의 애정 어린 관계로 옮겨간 데 대해 여전히 혼란스럽다면 필요한 만큼 충분히 시간을 보내십시오. 아버지로 하여금 당신의 존재를 즐거워하시도록 내어드리고, 당신도 그분의 임재 가운데 즐거움을 누리는 법을 배우십시오. 만일 죄책감과 두려움을 촉구하는 종교적 음성으로부터 멀어질 필요가 있다면 그들로부터 일정 거리를 두십시오. 예수님께서는 당신이 자유롭게 사랑할 수 있는 사람을 보여주십니다. 그리고 어떤 관계가 당신을 그분의 사랑으로부터 끌어내려 다시 행위로 되돌아가게 하는지도 보이십니다.

그 일을 가리켜 유진 피터슨은 "강요 않는 은혜의 리듬"이라고 불렀습니다. 종교적 의무와 행동은 예수님께서 보여주신 단순함과 순수성으로부터 엇나가도록 우리를 너무나도 쉽게 흐트러뜨립니다. 하나님은 이미 당신을 아시며 이제는 당신이 그분을 알기 바라십니다. 예수님께서는 우리에게 그분을 향한 완전하고도 확실한 접근권을 부여해 주시기 위해 죽으셨습니다. 그 실재 안에 사는 법을 배우는 일은 쉽고 빠르게 되진 않습니다. 그분께서는 당신이 따르며 살도록 사람들로부터 학습한 방식을 내면적으로 다시 빚어내셔야 합니다. 그 길은 당신의 욕망으로 굽어졌고, 사랑받는다는 진리를 몰라 불안에 시달렸으며, 다른 사람의 이기심에 이용되거나, 종교적 의무의 거짓과 두려움으로 조종받았습니다.

이제는 그분께서 몸소 그 사랑 안에서 어떻게 쉴 수 있는지 당신을 가르치십니다. 또한 당신은 배움 가운데 당신을 향한 그분의 갈망과 세대를 향한 목적을 점점 더 신뢰하며, 세상을 항해하는 방식이 바뀌게 됩니다. 그리고 그분의 가르침으로 당신은 내주하시는 성령의 능력을 점점 더 의지하면서 일시적인 것으로부터 영원한 것을 향해 시선이 끌리게 됩니다. 주님께서 당신 가운데, 당신을 통해 행하기 원하시는 모든 일이 당신과 하나님의 관계 그리고 그분께서 당신의 삶으로 데려오시는 사람들을 통하여 자연스럽게 자라나게 됩니다.

  만약 당신이 그들을 발견할 수 있다면, 삶에서 의식이 되는 다른 사람들과 시간을 보내십시오. 그 일에 시간이 좀 걸릴지라도, 혹은 멀리에서 일어나더라도 낙심하지 마십시오. 당신이 직접 대면할 수 없더라도 소셜미디어와 블로그 코멘트 역시 연결될 수 있는 적합한 환경입니다. 다만, 임시방편적인 온라인 네트워크나 인기 저자 혹은 교사를 추종하는 데서 정체성을 찾지 않도록 주의하십시오. 그런 존재는 거짓된 안정감으로 안심을 줄 수는 있겠지만 곧 사라지고 맙니다.

  때가 이르면 당신은 주변에서 비슷한 궤도 위의 사람들을 차츰 만나게 됩니다. 예수님은 점점 더 많은 사람을 다시금 그분께로 초청하고 계십니다. 그리고 어린양이 어디로 가든지 따라가는 사람으로 만드십니다. 그렇지만 그들을 발견하려면, 당신이 같은 마음을 가진 사람들을 찾거나 모으기보다 이미 주변에 있는 사람들과 단순히 우정을 키우는 편이 더욱 **빠릅니다**. 갈급한 구도자를 찾아 계속해서 눈을 열어 두십시오. 당신의 직장에서나 마음이 열린 이웃이나 우연히 만나는 누군가에게, 또는 다른 모임이나 선교여행에서 연결되는 사람들 가운데서 말입니다. 교제란 모임보다 우정으로부터 훨씬 더 수월하게 자라납니다.

진리로 가득 차도록

하나님의 진리가 어디에 있는지 다시 생각해보지도 않은 채 무조건 착오를 내동댕이치진 마십시오. 행위를 충족시키고 교제는 해치는 종교적 메시지의 오류를 해체하는 일이란 고통스런 과정입니다. 진리를 향한 열정만으로 모두가 그 과정을 견뎌낼 수는 없습니다. 뭔가 가르침 받은 내용이 진실이 아니라는 사실을 발견했을 때, 전부 다 내팽개치거나 아니면 단지 개인적으로 편하게 해주는 내용만 계속해서 붙드는 일은 쉽습니다. 많은 사람들이 이 경로를 택하며 신학적 덤불 사이로 들어가 하나님과 그분의 진리에 관한 회의론 가운데 길을 잃어버렸습니다.

진리는 우리를 자유롭게 놓아주기 이전에 종종 혼돈에 빠뜨립니다. 성경은 진리를 향한 굶주림이야말로 진리를 붙드는데 얼마나 중대한 요인인지 강조합니다. 당신이 원하는 바가 진리라고 말하는 음성을 구하지 마십시오. 아버지께 당신에게 진리를 계시해 달라고 요청하십시오. 당신의 심령과 성경을 들여다보고 대화와 책 그리고 글을 통해 다른 사람들과 서로 소통하며, 하나님께서 진정 어떤 분이시며 세상에서 그분의 목적은 무엇인지 당신의 이해를 다시 세우십시오. 하나님께서는 당신을 단지 환경의 바람에 따라 표류하도록 내버려 두시려고 종교적 행위로부터 이끌어내지 않으셨습니다. 그분은 당신을 친밀할 뿐만 아니라 변혁적인 관계 속으로 이끌기 원하십니다.

　당신에게 그 모든 해답이 있지는 않습니다. 그러므로 당신이 다른 사람보다 더욱 잘 볼 수 있다고 그들을 설득할 필요도 없어집니다. 당신은 진리 가운데 그분과 함께 걷는 법을 배우게 됩니다. 그 일은 때로 어렵고 고통스럽지만 항상 당신의 심령을 그분께로 더 가까이 이끕니다. 이 진리가 당신이 따라 할 수 있는 어떤 기준이 되는 원칙이 될 것이라 기대하지는 마십시오. 그보다는 당신에게 펼쳐지는 나날 가운데 어떤 결정이 생명으로 이끌고, 어떤 결정이 사망으로 이끄는지 분별하는 법을 배우십시오. 그분께서는 이 여정에서 우리가 그분의 뜻을 따라야 할 계명으로 새기기 원치 않으셨습니다. 그보다는 우리에게 바라시는 방향으로 향할 때는 성령의 기쁨을 느끼고, 그분께서 이기심으로부터 우리를 끌어내실 때는 성령의 동요를 감지하는 법을 익히길 바라십니다. 이렇게 당신은 그분과 함께 걷는 법을 배웁니다.

목적의식

　당신이 종교 프로그램에 속했을 때는 모든 일이 당신에게 주어집니다. 당신은 회중 가운데 앉아 있기 때문에 교제를 하며, 노래 부르니까 찬양합니다. 그리고 교회에서 해외 선교를 하기 때문에 왕국을 전파합니다. 그러나 그 일은 단지 더욱 큰 실재의 그림자일 뿐입니다. 그 실재를 받아들이기 위해 이제 당신은 더욱 의식적인 선택을 할 필요가 있습니다. 그분의 인도를 따르기 위해서, 주변 환경 가운데 그분의 목적을 받아들이기 위해서, 그리고 자신보다도 다른 사람에게 더욱 초점을 두고 살아가기 위해서 말입니다.

우리 모두는 영적 실재에 관해 안일함에 빠져들기 쉽습니다. 삶은 단지 직업적 책임을 완수하고 가족을 돌보는 데만 해도 너무 많은 대가를 요구합니다. 또한 너무나도 다양한 오락거리가 우리를 산만하게 유혹하며, 결국 영적으로 타성에 젖어 공허에 빠지기 십상입니다. 그분 안에서 자라나 그 목적을 따르는 삶은 우연히 일어나지 않으며 인간의 재간으로도 되지 않습니다. 이 말은 모순처럼 들리겠지요. 당신은 성령님께서 당신을 이끌며 인도해주시는 능력을 점점 더 신뢰하면서 순간을 살아가는 법을 배우기 원합니다. 지향적 삶이란 우리가 선호하는 대로 심지어 최선이라고 생각하는 대로 행하는 일이 아닙니다. 그보다는 사랑이 우리를 어디로 이끄는지, 성령님께서 어디에 개입하셔서 넌지시 우리에게 알려주시는지 바라보는 것입니다.

당신이 다른 누군가의 비전을 섬기는 일을 멈출 때야 그분의 인도를 인식하기 더욱 쉬워집니다. 그분께서 당신에게 사랑하는 능력을 키워주시도록 내어드리십시오. 그러면 당신은 깨어진 자를 향해 긍휼한 마음을 갖게 되고, 압제 받는 자를 위해 싸우는 정의의 투사가 될 것입니다. 악이 순진한 자를 착취하는 곳에서 악과 대적하십시오. 깨어진 관계를 용서와 정직으로 속히 복구하십시오. 다른 사람이 자신을 대해주기 바라는 방식으로 다른 사람을 대하십시오.

성령님과 동행하게 되면 우리의 인간적 노력은 미심쩍어 보이게 됩니다. 대신에 의식적으로 아버지를 바라다보면서 세상 가운데 그분의 역사를 흘려보냅니다.

다른 사람도 여정을 발견하도록 도와주십시오

당신이 이룬 모든 발견은 스스로에게 가치 있을 뿐만 아니라, 자기 경험의 벽을 넘어 동일한 실재를 갈망하는 다른 많은 이들을 향해서도 흘러넘칠 때가 다가오고 있습니다. 예수님께서는 그런 방식으로 그분의 왕국이 역사하도록 만들어 놓으셨습니다. 당신은 거저 받은 만큼 거저 줄 수 있는 길을 찾습니다. 당신이 그분과의 관계에서 더욱 안식 가운데 들어갈수록 다른 사람에게도 축복이 될 길을 구하게 됩니다.

이것이 하나님의 양무리를 목양하는 의미라고 나는 확신합니다. 그 일에는 학위나 기관적 관리업무가 필요하지 않습니다. 목양은 단지 다른 사람이 예수님과 관계 맺길 바라며 도울 수 있는 능력입니다. 또한 그들이 그분을 따르는 법을 배워갈 때 격려해 주는 일입니다. 하나님은 가장 단순한 사람을 통해서 일하십니다. 무대 위에 나타내 보이고 싶어 하는 사람이 아닌 신실한 심령의 소유자 말입니다. 당신의 삶을 자유로이 나누는 일은 당신이 해내야 하는 과제가 아닙니다. 그 일은 당신이 예수님께 자신을 내어드리면서 심령으로부터 자연스럽게 흘러나오게 됩니다.

사랑으로 사십시오.

이 여정에서 나의 가장 큰 즐거움은 내가 압박 아래 살던 그 모든 의무와 기대가 애정의 느낌으로 바뀐 것입니다. 나는 하나님이 두려워서 그분을 따르지 않습니다. 나는 그분께서 내게 원하시는 바를 원합니다. 나는 그분께서 내게 벌을 내리실까봐 일하지 않습니다. 다만 그분께서 내 주변에 행하시는 역사를 함께 나누고 싶어 그 일을 합니다. 의무는 기쁨으로 변했습니다. 그리고 내가 비록 주어진 하루에 마주치는 모든 사람을 멈춰서 다 사랑할 순 없을지라도, 하나님께서 어떤 방식으로든 관여하거나 섬기기 원하시는 사람을 찾아 항상 주시합니다.

자유로이 사십시오.

　많은 사람들이 좋은 의도로 자신의 선호와 기대를 당신에게 끝없이 강요하려 듭니다. 당신은 덕이 될 수 있도록 정중하게 "괜찮습니다."라고 말할 수 있습니다. 하나님께서 당신에게 주시는 바를 받아들이십시오. 그리고 다른 사람들이 당신에게 강요하는 일로부터 돌아서십시오. 사람들이 당신을 조종하도록 내버려 두기에 인생은 너무나도 짧습니다. 설사 그들에게 최선의 종교적 의도가 있다 해도 말입니다. 당신은 자신뿐만 아니라 타인의 영적 야심의 횡포에서도 벗어나 오직 그분께만 충실히 살아야 합니다.

관대하게 사십시오.

　다른 사람의 필요와 안녕에 주의를 기울이면서 누군가의 삶에 축복이 될 만한 무슨 소유가 있거든 나누십시오. 우정을 쌓아가십시오. 그리고 그 우정을 다른 사람들과 나누십시오. 서로 알아가면 축복이 될 사람들을 연결해주면서 말입니다. 이렇게 세상 가운데 하나님의 교회는 자라갑니다. 당신에게 사랑을 되돌려 줄 수 있는 사람만 사랑하지 마십시오. 그보다도 아직 사랑할 능력이 전혀 없는 사람과 함께 시간을 보내십시오. 그들이 당신 안에서 그분을 볼 수 있도록 말입니다.

진실하게 사십시오.

　누구에게도 당신이 다른 사람인 양 가장하거나 실제보다 더욱 길을 나아간 사람인 척할 필요가 없습니다. 사람들에게 우리 삶의 실재를 들여다보일 때 우리는 그들을 가장 잘 도울 수 있습니다. 하나님께서 우리 가운데 그분의 생명을 빚으신 곳과 우리가 여전히 싸우는 곳을 보여주면서 말입니다. 실제보다 더 성숙한 척하지 말고 당신의 정직성으로 사람들에게 감명을 주십시오. 당신의 의심과 실패를 나누는 일은 하나님께서 당신에게 어떻게 자신을 알리셨는지 다른 사람에게 간증하는 일 만큼이나 중요합니다. 우리 중 아무도 모든 것을 다 가지지 않았습니다. 그리고 겸손이 깃든 진정성은 방어 없이 최고의 대화가 일어날 수 있는 환경을 만들어줍니다. 진정성은 당신이 정직하게 사랑할 수 있도록 자유롭게 해줍니다. 다른 사람들을 교정하거나 당신의 의제로 끼워 맞출 필요 없이 말입니다.

합당하게 사십시오.

　삶은 본질적으로 불공평합니다. 그래서 권력자들은 본성적으로 다소 자기 이익과 명성을 위해 다른 사람을 이용하곤 합니다. 왕국은 깨어진 마음을 싸매주기 위해, 압제 받는 자를 자유케 하기 위해 그리고 가난하고 짓밟힌 자를 돕기 위해 옵니다.

문화적으로 억압받는 사람들을 향해 눈을 열어 두십시오. 그리고 긍휼과 정의를 위해 싸우는 투사가 되십시오. 관계가 통하기 위해 일치의 조건을 요구하기보다, 보살핌과 관심으로 소통하십시오. 당신이 세상의 모든 사람을 사랑할 수는 없으니, 하나님께서 매일 당신 앞에 두시는 사람들을 잘 사랑하십시오.

오직 그리스도 안에서

예수님께서 우리 시대에 놀라운 일을 행하고 계십니다. 예수님은 그분의 교회를 돌이키시고 계십니다. 그분은 이 세상의 모든 구석으로부터 사람들을 불러내 오직 충성을 다할 분으로서 예수님 한 분만을 발견하게 하십니다. 그들 중 일부는 전통 교회 내부에 있고, 또한 다른 많은 사람들을 교회 밖으로 부르사 다른 방식으로 살아가고 성장하도록 가르치십니다.

터놓고 이야기하자면, 우리 모두는 흩어진 성도 가운데 일부입니다. 심지어 정기적으로 지역 교회에 출석하는 사람들까지도 말입니다. 성도들은 기관, 교리, 지도자, 프로그램으로 분열되어 각자가 믿는 방식을 최고로 여기며 오랜 기간 흩어져 왔습니다. 우리 가운데 믿음에 초점을 두고 주일 모임을 넘어 옮겨간

이들에게는 주의할 점이 있습니다. 즉, 세상 가운데 있는 교회와 마찬가지로 그리스도의 전체 몸에 경이로움을 탐색해 나가기 위해 우리 심령을 경계해야 합니다. 과거 기독교 기관에서 떨어져 나온 거의 모든 모임이 결국엔 자신들만의 기관을 만들고 말았습니다. 그들의 방식대로 살지 않는 사람들을 낮게 보면서 말입니다.

아마도 종교적 의무로부터 벗어나게끔 한 용기를 주의하지 않는다면 자부심이나 우월감으로 기울기 쉬운 듯 보입니다. 우리의 기관적 체계가 하나님의 실재를 세상에 나타내려고 노력하다 보면 정말로 심각한 결함이 생길 수도 있습니다. 그렇다고 해서 우리가 그들을 정죄하거나 낮춰봐도 괜찮다는 뜻은 아닙니다. 그 많은 교회들이 우리 세상을 보다 나은 방향으로 빚어 나갑니다. 당신의 갈망을 채우는 데는 최고의 방법이 아닐지라도, 다른 방식으로 보는 사람을 거부하고자 하는 욕구에 저항하십시오. 당신의 길이 곧 그들의 길이라 여기지 마십시오. 또는 그 길 위에 있지 않은 사람은 당신이 알아가는 하나님을 알고 따를 수 없다고 생각하지 마십시오. 그분께는 많은 양이 있으며 모두를 같은 길로 인도하시지는 않습니다.

항상 명심하십시오. 예수님의 갈망은 모든 것을 그분과 화해하게 하시는 일입니다. 그러므로 우리 모두, 서로를 향해서도 마찬가지입니다. 이것이 그분께서 그토록 열정적으로 기도하신 연합입니다. 그분과 아버지께서 하나인 것 같이, 우리도 다 하나 되도록 말입니다. 우리는 너무나도 오랫동안 그 연합이 우리의 기관이나 교리적 합치로부터 나오길 고대했습니다. 그러나 그런 접근법은 우리에게 보기 좋게 실망만 안겨주었습니다. 예수님께서 기도하신 연합은 오직 변화된 삶을 통해서만 나올 수가 있습니다. 하나님의 사랑이 우리 심령에 스며 우리를 자유케 하도록 내어드리면서 말입니다. 그럴 때 우리는 세상이 잘 알지 못하는 이타심과 관대함으로 점점 더 살아갈 수가 있습니다.

진정한 연합으로 이끄는 일에 헌신하십시오. 기억하십시오. 연합은 그분의 역사이지, 당신의 소유가 아닙니다. 그러므로 인내심을 가지십시오. 그리고 다른 여정 위에 있는 사람을 사랑하기 위해 당신 안에 있는 그분의 역사를 양보해야 한다고는 생각하지 마십시오. 당신의 심령을 따르는 것에 두려워 말며, 다른 사람 역시 그들의 심령을 따르도록 격려하십시오. 한편으로 당신은 종종 악의적인 판단도 받겠지만, 그 고통을 역으로 판단하며 해소하진 마십시오. 그 비난을 하나님께 가져가 그곳에 두십시오. 그분께서 당신에게 변화를 요구하지 않으시는 한, 다른 사람이 당신을 압박하도록 내버려 두지 마십시오.

당신의 삶에 온갖 유형의 사람들을 들어오게 하고 그들을 사랑하면 어떻게 될지를 보십시오. 당신이 사는 방식을 비판하는 사람일지라도, 우리가 사랑하며 따르는 예수님을 꼭 반대하진 않을 수도 있습니다. 하나님께서 당신에게 더 보여주셨다고 해서 자신을 높이지 마십시오. 대신 그 일을 통해 다른 사람을 섬기십시오. 그들 역시 볼 수 있도록 말입니다.

이 길 위로 그분께서는 모든 자녀를 초청하셨습니다. 그리고 그 길이 제도적 이념의 담장 밖으로 당신을 이끌었다면, 그분의 백성과 분리하기 위해서가 아닙니다. 그보다 진정한 생명의 삶으로 더 깊이 이끌어, 어떠한 경계도 없이 그 사랑을 나눌 수 있도록 당신을 자유케 하려 하심입니다. 그분은 당신을 고립시킨 채 세상 가운데 흩어버릴 목적이 아니십니다. 단지 사랑으로 당신이 차츰 변화 받기를 원하십니다. 오늘날 세상 곳곳에서 자태를 드러내는 교회라는 작품 가운데 당신을 엮어 넣으실 수 있도록 말입니다.

그리고 교회는 대부분의 사람들이 그리는 모습으로 드러나고 있습니다. 세계 어디를 다니든 나는 그리스도 안에 사는 여정을 진정으로 배우는 사람들을 만납니다. 그 여정은 자신을 위해 살고자 하는 욕구로부터, 다른 사람을 향해 더욱 관대한 심령을 품도록 그들을 변화시킵니다. 이런 이야기들은 내 영혼을 전율케

하며 소망을 줍니다. 예수님께서 그들을 이끌고 계십니다. 종종 그들 자신의 이익과는 정반대 방향으로 말입니다. 그들은 곧 성령으로 함께 엮이며 우리의 수단을 능가해 생각치도 못한 방식으로 그분의 영광을 선포하게 됩니다.

모든 사람에게 영광의 소망 되신 예수님만을 높이며, 다른 무엇도 그분 위에 두지 않도록 주의합시다. 치우친 교리, 매력적 용어, 특정한 프로그램으로 사람들에게 혼란 거리를 주지 마십시오. 당신에게는 유용했을지 몰라도 그들에게는 아닐 수가 있습니다. 그리스도와 그분의 실재에 초점을 두십시오. 그리고 당신의 거의 모든 관계 가운데 그분께서 몸소 자신을 드러내시는 역사를 지켜보십시오. 단지 스스로 유명해지거나 정체성을 각인시키기 위해 혹은 당신의 사역에 지분을 만들어내려고 그분의 가족을 조각내지 마십시오.

하나님께서 당신을 보살피시니 자유로이 나누십시오. 우리가 한 목자 아래 진정으로 한 무리가 될 그 날을 고대하십시오. 동정심 많으신 우리의 최고 대제사장과 우리 사이에 다른 사람이 존재하는 한, 우리는 계속해서 조각나 어긋난 파벌 가운데 살게 됩니다. 세상은 그런 일들에 놀라워하지 않습니다.

그러나 만약 그들이 서로를 마음으로부터 깊이 사랑하는 그리스도의 제자들을 정말로 본다면 어떻게 생각할지 상상해

보십시오. 그곳에서는 가장 완악한 죄인이라도 이끌려 예수님이 누구인지 깨달을 수 있도록 그분께서 드러나십니다. 그리고 우리는 더 이상 흩어져 있지 않을 테고, 예수님의 사랑과 생명을 품은 한몸으로 세상의 모든 구석구석까지 스며 들게 됩니다.

웨인의 글과 가르침, 여정에 관해 더욱 알고 싶다면
Lifestream.org 및 TheGodJourney.com 을 방문해 주십시오.
Lifestream 1560-1 Newbury Rd. #313 Newbury Park, CA 91320
(805) 498-7774   office@lifestream.org

당신과 예수님과의 관계를 탐색하기 위해 도움이 필요하다면, 자신의 여정을 이해하는데 도움을 주기 위해 웨인이 만든 무료 자료가 있습니다.

자료는 lifestream.org에서 이용 가능하며 개인적으로 사용하거나 소그룹 활동에서 공유할 수 있습니다.

전환Transitions : 8시간의 오디오 시리즈로 종교적 의무를 깨고 하나님과 사랑에 기초한 관계로 들어가는 길을 찾도록 도와줍니다.

관계Engage : 6~8분 비디오 시리즈로 하나님께서 어떻게 이미 당신과 관계를 형성하고 계신지 인식하도록 도와줍니다.

예수님의 시선으로The Jesus Lens : 9시간 비디오 시리즈로 성경 메시지를 왜곡한 종교적 시선이 아니라 예수님의 계시를 통하여 성경을 읽도록 도와줍니다.

하나님의 여정The God Journey : 더욱 관계적인 여정을 향해 사람들을 격려하기 위한 주간 팟캐스트입니다.

lifestream.org에서 웨인의 다른 책과 오디오 콜렉션 및 DVD 시리즈를 접할 수 있습니다.

감사의 말

이 책은 평생에 걸쳐 쓰였습니다. 이 장에서 진실로 나는 여러 해에 걸쳐 만난 모든 사람, 즉 그들의 삶을 통해서 나의 삶에도 영향을 준 모든 이들에게 감사해야 마땅합니다. 내 인생의 지금 단계에서 하나님께서 내게 주신 여정과 그 가운데서 역할을 한 모든 사람에게 더없이 감사합니다. 심지어 깨어짐으로 인해 내 여정에 고통을 더한 이들까지도 말입니다. 지금 와서 돌아보면 쉽고 편안한 순간보다도 고통의 시기가 분명 더욱 도전을 주었고 나 자신의 여정을 새롭게 빚어냈습니다.

그 모든 사람의 이름을 올리는 일이란 불가능한 만큼, 가장 가까이서 나와 함께 이 여정을 걷는데 가장 큰 대가를 지불한 사람들에게 감사를 표현하겠습니다. 거의 43년 동안 나의 아내로서 함께 이 모든 길을 걸어온 사라. 불확실한 시기에 그녀가 기꺼이 나와 함께 여정을 떠나고자 하지 않았더라면, 내가 배운 일은 그 무엇도 일어날 수가 없었습니다. 그녀의 사랑과 지원 그리고 반려를 통해 나의 삶은 상상 이상으로 풍성하게 됐으며, 그녀는 내가 하나님의 지혜를 더욱 명확하게 볼 수 있도록 도왔습니다. 나의 자녀 줄리와 앤드류도 그들 자신의 여정을 찾았으며, 언제나 무슨 일이나 나를 사랑하고 지지해주며 내 인생에 큰 기쁨을 가져다주었습니다. 그리고 물론 나의 사위 타일러와 내 인생에 믿을 수 없을 정도로 놀라운 기쁨을 가져다준 손주 에이미, 린제이, 오스틴에게도 고마움을 표합니다.

내가 '하나님의 여정'이라는 팟캐스트에서 브래드 커밍스와 나눈 대화는 이 책에 실린 많은 생각을 확립하는데 도움이 됐습니다. 생애에 걸친 그와의 우정은 나를 풍성하게 해 주었고 나로 하여금 첫 충격을 넘어서 생각하면서 더욱 큰 세상을 보도록 도전을 주었습니다.

아비가일 먼데이와 낸 비숍의 기술과 재능은 이 책을 엮는데 필요한 실질적 도움을 주었습니다. 아비가일은 나의 정규 교정자가 없을 때 원고 정리를 도맡았습니다. 나는 이 글을 더욱 읽기 수월한 원고로 만들어준 그녀의 노고에 감사합니다. 엔 비숍 디자인 www.nbishopsdesigns.com의 낸 비숍은 나와 함께 표지와 내부 레이아웃 작업을 해주었습니다. 그들은 멋진 작업을 해냈을 뿐만 아니라 지상에서 펼쳐지는 예수님의 생명을 향한 열정을 나와 공유합니다.

마지막으로 라이프스트림 미니스트리Lifestream Ministries의 위원들에게 감사를 표합니다. 이 소중한 친구들의 지지와 지혜가 없었더라면 나는 사람들이 잘 찾지 않는 길을 탐색할 수도 없었겠지요. 그들이 나를 도울 때 보여 준 유머와 통찰에 감사합니다. 그들은 내가 그들의 기대를 채우도록 만들기보다 주님의 인도를 분별하도록 도와주었습니다.

믿음의말씀사 출판물

구입문의 : 031-8005-5483 http://faithbook.kr

■ 케네스 해긴의「믿음 도서관」책들
- 새로운 탄생
- 재정 분야의 순종
- 나는 지옥에 갔다 왔습니다
- 하나님의 처방약
- 더 좋은 언약
- 예수의 보배로운 피
- 하나님을 탓하지 마십시오
- 네 주장을 변론하라
- 셀 모임에서 성령인도 받기
- 안수
- 치유를 유지하는 법
- 사랑은 결코 실패하지 않습니다
- 하나님께서 내게 가르쳐 주신 형통의 계시
- 왜 능력 아래 쓰러지는가?
- 다가오는 회복
- 잊어버리는 법을 배우기
- 위대한 세 단어
- 하나님의 은사와 부르심
- 그 이름은 "놀라우신 분"
- 우리에게 속한 것을 알기
- 성령을 받는 성경적인 방법
- 하나님의 영광
- 은혜 안에서의 성장을 방해하는 다섯 가지
- 사랑 가운데 걷는 법
- 바울의 계시: 화해의 복음
- 당신은 당신이 말하는 것을 가질 수 있습니다
- 그리스도 안에서
- 말
- 방언기도의 능력을 풀어 놓으라
- 옳은 사고방식 틀린 사고방식
- 속량 – 가난, 질병, 영적 죽음에서 값 주고 되사다
- 네 염려를 주께 맡겨라
- 예언을 분별하는 일곱 단계
- 절망적인 상황을 반전시키기
- 당신의 믿음을 풀어 놓는 법
- 진짜 믿음
- 믿음이란 무엇인가
- 그리스도께서 지금 하고 계시는 일
- 충분하고도 넘치는 하나님 엘 샤다이
- 금식에 관한 상식
- 하나님의 말씀 : 모든 것을 고치는 치료제
- 가족을 섬기는 법
- 조에
- 당신이 알아야 하는 신유에 관한 일곱 가지 원리
- 여성에 관한 질문들
- 인간의 세 가지 본성
- 몸의 치유와 속죄
- 크게 성장하는 믿음
- 하나님 가족의 특권
- 기도의 기술
- 나는 환상을 믿습니다
- 병을 고치는 하나님의 말씀
- 영적 성장
- 신선한 기름부음
- 믿음이 흔들리고 패배한 것 같을 때 승리를 얻는 법
- 믿음의 선한 싸움을 싸우는 법
- 하나님의 계획과 목적과 추구
- 예수 열린 문
- 믿음의 계단
- 당신을 향한 하나님의 계획
- 역사하는 기도
- 기름부음의 이해
- 내주하시는 성령 임하시는 성령
- 재정적인 번영에 대한 성경적 열쇠들
- 어떻게 하나님의 영으로 인도받을 수 있는가?
- 마이더스 터치
- 치유의 기름부음
- 그리스도의 선물
- 방언
- 믿는 자의 권세(생애기념판)
- 믿음의 양식
- 승리하는 교회

■ E. W. 케년
- 십자가에서 보좌까지 무슨 일이 일어났는가?
- 두 가지 의
- 놀라우신 그 이름 예수
- 하나님 아버지와 그분의 가족
- 나의 신분증
- 두 가지 생명
- 새로운 종류의 사랑
- 그분의 임재 안에서
- 속량의 관점에서 본 성경
- 두 가지 지식
- 피의 언약
- 숨은 사람
- 두 가지 믿음
- 새로운 피조물의 실재

■ 스미스 위글스워스
- 스미스 위글스워스의 천국
- 스미스 위글스워스의 매일묵상
- 위글스워스는 이렇게 했다
- 스미스 위글스워스의 능력의 비밀

■ T. L. 오스본
- 행동하는 신자들
- 기적 – 하나님 사랑의 증거
- 새롭게 시작하는 기적 인생
- 좋은 인생
- 성경적인 치유
- 능력으로 역사하는 메시지
- 100개의 신유 진리
- 24 기도 원리 7 기도 우선순위
- 하나님의 큰 그림
- 긍정적 욕망의 힘
- 당신은 하나님의 최고의 작품입니다

■ 잔 오스틴
- 믿음의 말씀 고백기도집
- 하나님의 사랑의 흐름
- 견고한 진 무너뜨리기
- 초자연적인 흐름을 따르는 법
- 당신의 운명을 바꿀 수 있습니다
- 어떻게 하나님의 능력을 풀어놓을 수 있는가?

■ 크리스 오야킬로메
- 여기서 머물지 말라
- 이제 당신이 거듭났으니
- 당신의 인생을 재창조하라
- 이 마차에 함께 타라
- 그리스도 안에 있는 당신의 권리
- 성령님과 당신
- 성령님이 당신 안에서 행하실 일곱 가지
- 성령님이 당신을 위해 행하실 일곱 가지
- 기적을 받고 유지하는 법
- 하나님께서 당신을 방문하실 때
- 올바른 방식으로 기도하기
- 당신의 믿음을 역사하게 하는 법
- 끝없이 샘솟는 기쁨
- 기름과 겉옷
- 약속의 땅
- 하나님의 일곱 영
- 예언
- 시온의 문
- 하늘에서 온 치유
- 효과적으로 기도하는 법
- 어떤 질병도 없이
- 주제별 말씀의 실재
- 마음의 능력

■ 앤드류 워맥
- 당신은 이미 가졌습니다
- 은혜와 믿음의 균형 안에 사는 삶
- 하나님의 참된 본성
- 하나님은 당신이 건강하기 원하십니다
- 영 · 혼 · 몸

- 전쟁은 끝났습니다
- 믿는 자의 권세
- 새로운 당신과 성령님
- 노력 없이 오는 변화
- 하나님의 충만함 안에 거하는 열쇠
- 더 좋은 기도 방법 한 가지
- 재정의 청지기 직분
- 하나님을 제한하지 마라
- 하나님의 뜻을 발견하고 따라가며 성취하라
- 하나님의 참 본성

■ 기타 「믿음의 말씀」 설교자들
- 성령의 삶 능력의 삶
- 복을 취하는 법
- 주는 자에게 복이 되는 선물
- 믿음으로 사는 삶
- 붉은 줄의 기적
- 당신이 말한 대로 얻게 됩니다
- 예수–치유의 길 건강의 능력
- 성령 안의 내 능력
- 믿음과 고백
- 임재 중심 교회
- 성령충만한 그리스도인의 지침서
- 열정과 끈기
- 제자 만들기
- 어떻게 교회를 배가하는가
- 운명
- 모든 사람을 위한 치유
- 회복된 통치권
- 그렇지 않습니다
- 당신의 자녀를 리더로 훈련하라
- 오순절 운동을 일으킨 하나님의 바람
- 주일 예배를 넘어서

■ 김진호 · 최순애
- 왕과 제사장
- 새로운 피조물의 실재
- 믿음의 반석
- 새 언약의 기도
- 새로운 피조물 고백기도집(한글판/한영대조판)
- 성령 인도
- 복음의 신조
- 존중하는 삶
- 성경의 세 가지 접근
- 말씀 묵상과 고백
- 그리스도의 교리
- 영혼 구원
- 새로운 피조물
- 믿음의 말씀 운동의 뿌리
- 1인 기업가 마인드
- 내 양을 치라